빅니스

빅니스

THE CURSE OF
BIG
NESS

거대 기업에 지배당하는 세계

팀 우 지음 | 조은경 옮김

내가 과학자가 되어야 한다고 항상 생각하셨던
나의 어머니 질리언 엘리자베스에게
이 책을 바칩니다.

전 지구적 규모의 실험을 시작한 지 30년이 넘었다. 국가가 산업별 거대 기업의 규모와 힘을 제어하지 못할 때 무슨 일이 일어나는가? 세계화라는 미명 아래 국가가 가장 부유하고 강력한 기업에 엄청난 보조금을 지급하면 어떤 일이 벌어지는가?

나는 답이 아주 분명하다고 생각한다. 세계경제를 보라. 농업, 금융, 제약업계 전반에서 수십 년 동안 진행된 통합과 합병으로 인해 집중된 독점과 과점이 세상을 지배하고 있는 상황을 목도한다. 구글이나 페이스북 같은 거대 기술 플랫폼 기업은 우리의 삶을 지배하는 엄청난 힘을 얻었고 모든 것에 대한 총괄적 정보를 그 누구보다 더 많이 파악하고 있다. 또한 전 세계의 부가 터무니없을 만큼 한쪽에 집중되어 있는 현실을 생각해

보라. 부자와 가난한 사람의 틈은 점점 더 벌어지고 있고, 억만
장자들은 자기만의 독립된 영역에서 살아가는 현상이 두드러
지게 나타나고 있다.

1990년대에 출현한 세계화는 무역 장벽을 없애고 전 지구적
공급 체계를 가동시킴으로써 부가 모든 이에게 골고루 돌아갈
것이라고 약속했다. 물론 그런 경쟁에서 누가 이득을 얻는지에
대한 논쟁과 생계 수단을 잃는 노동자들, 그리고 환경이 받는
영향에 대한 우려도 있었다. 하지만 돌이켜보면 세계화를 지지
한 이들, 그리고 몇몇 비판자조차 자본주의가 어떤 방식으로
작동하는지에 대하여 보다 근본적인 무언가를 잊고 있었다. 세
계화가 노동자, 공급자, 그리고 생산자를 위시해 모든 이의 부
를 빼앗아갈 새로운 독점 계급을 양산할 수 있다는 점을 깨닫
지 못했다. 어떤 국가들은 진보라는 이름으로 바로 그 독점 계
급 생산을 추구할 것이라는 점도 잊고 있었다.

그 결과 엄청난 부와 사적 권력의 집중 현상이 일어났고, 이
는 전 세계의 정치를 변형하고 과격화시켰다. 무너져가는 중산
층은 이에 반감을 품고, 버림받고 있다는 느낌에 갈수록 더욱
급진적인 해결책을 지지하기에 이르렀다. 브라질이나 영국, 헝
가리, 미국 등에서 민족주의 세력이 부상하고 있는데, 이들 중
가장 극단적인 형태는 1930년대에 발생했던 위험한 움직임과

흡사하다. 이들은 이민노동자, 외국인, 동성연애자 또는 엘리트들의 음모론 등으로 인해 중산층이 쪼그라든다고 주장하며 희생양을 찾아 비난을 퍼붓는 한편 경악스러운 방식으로 국가권력의 확대를 요구하고 있다.

지금 우리는 전 지구적 차원에서 기업집중으로 인한 '거대함의 저주Curse of Bigness'에 맞닥뜨려 있다. 이 저주는 일반 대중이 경제적으로 번영하는 데 심각한 위협이 될 뿐 아니라 자유민주주의에도 심대한 위험이 된다. 우리가 경제 독재는 정치 독재를 낳는 경향이 있음을 망각하고 부주의하게 경제민주주의의 이상을 단념했기 때문에 이런 일이 발생했다. 민주주의가 작동하려면 먼저 한 나라의 국민이 어떤 일이나 의제에 주권을 행사하는 주체가 되어야 한다는 것이 전제다. 그러나 수많은 국가의 국민들은 주권을 가지고 있다고 느끼지 못한다.

우리는 20세기의 역사를 공부하는 학생들이 보는 것과 비슷한 패턴을 목격하고 있다. 20세기에서 우리가 배울 점이 있다면, 대중의 요구에 부응하는 경제정책이 실패했을 경우 전체주의와 독재가 따라온다는 것이다. 총체적 불평등과 물질적 빈곤은 민족주의적이고 극단적인 지도자를 키우는 위험한 자양분이 된다. 하지만 이런 교훈을 전혀 모르는 양 우리는 똑같은 길을 걷고 있다.

다음 질문들을 한번 생각해보자. 전 지구적 독과점을 용인해도 전 세계인이 기본적으로 평등하며, 산업의 자유 혹은 민주주의 자체가 보장될 수 있을까? 단지 소수가 아닌 수많은 지역에서 보편적으로 부를 창출할 수 있을까? 독점기업이 장악하고 있는 경제에서 진정한 의미의 기회를 만들어낼 수 있을까? 너무도 적은 소수에게 너무도 커다란 사적 권력이 집중되어 있고, 그 힘이 정부에 강한 영향력을 행사하고 있지는 않은가? 내 생각에 이런 질문들은 이미 스스로 답을 내놓았다.

하지만 문제를 진단하는 것만으로는 충분치 않다. 이 책의 목적은 부의 집중으로 인해 발생한 거대 기업이 갖는 문제점에 대한 고전적인 해답, 즉 반독점 프로그램과 독점으로 발생한 수익의 재분배를 재발견하는 것이다. 그러기 위해 우리는 유럽의 질서자유주의Ordoliberalism와 영미권의 반독점 전통이 주는 교훈을 되새겨봐야 한다. 이 두 가지 사상의 영향은 제2차 세계대전의 참화 후 정점에 이르렀다.

불행하게도 반독점 전통은 지난 30년 동안 미국을 시작으로 약화되기 시작했고, 몇몇은 거의 사라져버린 상태에 이르렀다. 1960년대에 미국의 보수주의자들이 처음으로 주창한 극단적 아이디어를 지나치게 방임한 것이 문제였다. 이들의 사상은 재포장되어 전 세계로 퍼져나갔다. 간단하게 말해 기술 관료적 신자유주의의 수용은 독점을 용인하고 심지어 전폭적으로 수용하는 쪽으로 변형되었고, 이런 현상은 과도한 정치권력과 정치적 영향력에 대한 역사적 우려를 낳았다.

미국 우파에서 시작되어 미국의 반독점 전통을 심각하게 저해한 이 사상은 세계의 중심과 각국으로 퍼져나갔다. 질서자유주의 전통의 본고장인 유럽의 경쟁 담당 관료들은 겉보기에는 매우 활동적이지만 전 지구적으로 활동하는 글로벌 산업의 통합·집중 활동을 너무도 자주 수용하거나 승인해왔다. 유럽인들은 선의를 가지고 있기는 하나, 기술 관료적 엄격함을 추구하는지라 글로벌 산업이 가진 힘을 좁은 관점에서만 보고 너무도 쉽게 수용해왔다. 그들은 오로지 효율성이라는 문제에만 민감했고 사적 권력이 더 커지고 민주주의가 부패할 수 있는 잠재성에는 무관심해왔다.

마지막으로, 대부분의 주요 아시아 국가는 민간 산업과 정부가 긴밀한 관계를 맺는 것을 기꺼이 받아들이는 기조를 유지해왔고 때로는 국가 주도 자본주의를 받아들였다. 이런 류의 자본주의는 단기적 측면에서 매우 효과적일 수 있다. 하지만 좀 더 긴 역사의 안목에서 보면 경제뿐 아니라 정치적 차원에서도 문제가 많다. 일본은 제2차 세계대전을 전후로 정치와 경제 측면의 위험성 모두를 보여준 가장 최근의 사례다. 중국은 사적 권력과 공적 권력의 강력한 합성으로 야기될 수 있는 무서운 가능성을 확실하게 보여주기 시작했다.

　민주주의 국가는 집중된 사적 권력과 부_富에 대하여, 그리고 정치에 영향을 미치는 것에 대해 특단의 조치를 취해야 할 필요가 있다. 이해할 수 없는 공권력 행사를 억제하기 위해 대헌장_{Magna Carta}, 미국 헌법_{US Constitution}, 리스본 조약_{Treaty of Lisbon}(2005년 프랑스와 네덜란드의 국민투표에서 부결된 유럽연합_{EU} 헌법을 대체하기 위해 마련된 개정 조약으로, 경제공동체를 넘어 유럽연합의 정치적 통합까지 목표로 한 일종의 '미니 헌법'이다 - 옮긴이), 그리고 유엔헌장_{UN Charter}이 만들어졌지만 사적 권력을 제어하기 위한 조치는 아무것도 없다는 점이 놀라울 따름이다. 우리가 행동하지 않는다면 대안을 세워도 전혀 매력적인 결과를 낼 수 없을 것이다. 역사에서 배우지 못한 자는 똑같은 실수를 반복한다는 진부한 문구를 다시 확인하게 되는 셈이다. 우리는 민주주의와 권위주의 체제가 싸우는 투쟁의 장으로 돌아왔다. 고삐 풀린 자본주의가 야기하는 문제의 해결책을 제시하지 못한다면 민주주의는 패배할 수도 있다.

　이 책은 과거를 돌아보고 다시 현재로 돌아오는 간단한 이야기 구조를 가진다. 현재 우리의 경제 상황을 들여다보고, 지난 세기에 이루어진 부의 집중 현상과의 투쟁, 그리고 그 정치적 결과에 초점을 맞추어 역사를 살펴볼 것이다. 이를 위해 제2차 세계대전 이전의 독일과 일본을 주목할 것이다. 이 책은 루이스 브랜다이스Louis Brandeis와 유럽 질서자유주의자들의 생각을 살피고 이상, 영미권의 반독점 전통을 돌아보며 그 뿌리에 스며 있는 원칙을 소개한다. 그리고 그런 이상이 가장 강력하게 영향을 미쳤던 전후 시대, 찬란한 번영과 평등이 증진되었던 시기를 조명한다. 마지막으로, 전 세계의 민주주의는 시민들에게 더 나은 대답을 주지 않으면 절멸할 것이라는 전제하에 우리 시대에 부의 집중으로 만들어진 거대함의 저주에 맞서는 프로그램에 대해 이야기할 것이다.

차례

1

사라진 퍼즐 조각

옛날 옛적에, 산업화를 이룬 주요 국가들은 교훈을 배웠다고 생각했던 것 같다. 공산주의 혁명과 전체주의 혁명, 경제 대공황, 두 번의 파멸적 세계대전을 뼈아프게 경험한 뒤 산업화를 이룬 국가들은 대부분 경제와 민주주의 사회에서의 그 역할에 대한 접근 방식을 바꿨다.

민주주의 국가는 부자가 지배하는 자유방임주의, 무산 노동자 계급의 공산주의 독재, 그리고 전체주의가 주창한 국가 주도 자본주의, 이 세 가지의 극단적 대안은 최소한 형태상으로는 완전히 배제했다. 그리고 경제정책과 부의 재분배 정치학을 새롭게 민주화하는 작업에 착수했다. 이런 행보로 수십 년에 걸쳐 경제성장을 이루었고 탄탄한 중산층이 형성되었다. 이들은 소중한 자유와 유례없는 번영을 누리며 엄청났던 빈부 격차를 줄여나갔다.

확실히 세상의 한쪽은 자기들만의 일정표에 따라 광범위한 자유를 누리며 번영했다. 하지만 대부분의 세상, 특히 '개발도상국Global South'은 바라는 만큼의 성과를 얻지 못했다. 그런데 서구와 아시아의 민주주의 국가들이 얻은 경제적 성취는 공산주의와 파시즘의 공을 넘겨받은 결과라고 할 수 있다. 혁명을 부르짖는 공산주의와 파시즘은 언제나 불공정함과 고삐 풀린 자본주의의 잔악성이 문제가 되어 촉발되었기 때문이다.

그 어떤 경제정책도 산업혁명과 20세기 초반의 기업 통합 현상으로 야기된 불평등을 극복하지 못했다. 그러나 반독점법은 자가증식과 개발을 거듭하는 트러스트trust(같은 업종의 기업이 경쟁을 피하고 보다 많은 이익을 얻을 목적으로 자본에 의하여 결합한 독점 형태 - 옮긴이)의 경제·정치적 힘을 약화시키고 독점과 카르텔cartel(동일 업종의 기업이 경쟁의 제한 또는 완화를 목적으로 가격, 생산량, 판로 따위에 대하여 협정을 맺는 것으로 형성하는 독점 형태 - 옮긴이) 집중 현상에 저항함으로써 불평등 극복의 역사에서 하나의 이야기를 써 내려갔다. 이는 한때 파시스트들에게 지배당한 독일과 일본, 그리고 그들 정부와 사적 독점기업들 간에 이루어진 긴밀한 동반자 관계가 남긴 뼈아픈 교훈에 의해 강화된 사명이었다.

기업집중과 불평등은 어떤 식으로든 영향을 미친다. 우리가 가장 많은 데이터를 가지고 있는 영국의 경우 1970년대 말에는 임금노동자 중 최상위 5퍼센트가 벌어들이는 소득이 하락해 전체 소득에서 차지하는 비율이 20퍼센트 이하가 되었다.[1] 미국에서는 1960년대 말 임금노동자 중 최상위 1퍼센트가 벌어들인 국민소득이 하락해 전체 소득에서 8퍼센트를 차지했다.[2] 프랑스, 덴마크, 일본, 그리고 네덜란드도 대략 비슷한 조류를 따른다.[3] 겉으로 보기에 자본주의 국가들은 불가능한 일을 가능케 할 방법을 찾은 것 같았고, 중산층에 번영과 풍요를 약속함으로써 세상의 다른 곳에서 자가증식하고 있던 독재체제에 대항하는 매혹적인 대안을 제시하는 듯했다.

그때는 그런 것 같았고, 그렇게 보였다. 하지만 1편이 히트한 영화의 후편이 시시한 경우가 종종 있는 것처럼 결국 지금은 제자리로 돌아와버렸다. 자유방임주의 경제는 신자유주의라는 새로운 이름표를 달고 다시 주류 경제 이념으로 우뚝 섰다. 그리고 1910년대에 그랬던 것처럼 오늘날에는 산업화를 이룬 국가들의 특징을 설명하는 두 가지의 본질적인 경제적 사실이 존재한다. 첫 번째는 현격하게 벌어진 빈부 격차다. 현재 세계 상위 1퍼센트가 전 세계 부의 45퍼센트를 차지하고 있다.[4] 세계 상위 10위 안에 드는 부자들의 재산을 모두 합치면 대략 7,450억

달러가 되는데, 이는 수많은 국가의 총생산 가치보다 크다.[5]

이런 흐름이 특히 강세를 나타내는 국가는 미국과 영국이다. 두 나라의 경우 1970년대까지는 공평하게 이루어지던 소득 창출이 사라져버렸다. 오늘날 미국의 상위 1퍼센트가 국민소득의 23.8퍼센트를 벌어들이고, 놀랍게도 국부의 38.6퍼센트를 통제, 지배한다. 상위 0.1퍼센트가 벌어들이는 소득은 국민소득의 12퍼센트를 차지한다.[6]

두 번째 특징은 집중화된 경제로 회귀했다는 점이다. 특히 선진국의 경우 소수의 거대 기업이 시장을 장악하고 있다. 2015년 미국에서 상위 100개 회사의 평균 시가총액은 하위 2,000개 회사의 평균 시가총액보다 무려 7,000배가 더 컸다. 1995년에는 31배 더 컸을 뿐이다.[7] 이와 비슷하게 2000년 이후 미국 산업계 전반에 걸쳐 시장집중도를 측정해보니 다수 업계에서 75퍼센트 이상 증가했다.[8]

뚜렷한 기업집중의 흐름을 보여주는 가장 가시적인 지표가 우리 코앞에 놓여 있다. 한때 개방적이고 서로 경쟁하던 기술산업계 기업들이 이제는 페이스북, 구글, 애플 등 소수의 거대 기업으로 집중화되었다. 이런 기업들은 모국에서뿐 아니라 전세계적으로 독점적 지위를 확보하며 전 지구적 차원에서 다소 극단적인 경제 독점 체제를 만들어내고 있다.

빅니스

이런 기업들이 행사하는 힘을 보면 우리가 접하는 문제가 단순히 경제에 국한되지 않으며 다른 영역에까지 뻗어 있다는 우려를 확인하게 된다. 거대 기술 기업big tech은 모든 곳에 산재해 있으며 우리에 대해 너무 많은 것을 알고, 우리가 보고 듣고 행하며, 심지어 느끼는 것에 너무도 큰 영향을 미치는 듯하다. 이런 상황은 불과 몇 사람이 내리는 결정이 모든 사람에게 너무도 막강한 힘을 행사할 경우 진정한 지배자가 과연 누군지에 대한 논쟁을 다시 불러일으켰다.

세계경제가 20세기 초반의 경제 상황과 비슷하다는 점을 고려하면 세계정치의 상황도 그때와 유사해졌다는 것이 그리 놀랍지는 않을 것 같다. 20세기 초는 지속적인 경제적 곤궁, 노동자에 대한 잔혹한 처우, 중소기업의 파멸, 그리고 폭넓은 경제 불황 등으로 특징지을 수 있다. 그로 인해 일반 대중의 분노가 널리 퍼져나갔고, 새롭고 다르면서 더욱 공정한 대우를 바라는 요구가 증가했다. 대규모의 일반 대중이 경제적 궁핍을 겪은 뒤 러시아와 중국에서 공산주의 혁명이 일어났고 뒤이어 이탈리아, 스페인, 독일, 그리고 일본에서 파시스트 혹은 극우민족주의자들이 득세해 정권을 잡았다.

오늘날 경제적 고충으로 인한 불만은 전 세계적으로 다시 성난 대중영합주의자와 민족주의자들이 목소리를 높일 빌미를 주고 있다. 사람들은 자신의 경제적 재앙을 이민자, 유대인, 무슬림, 기독교도, 중국인 등 다른 누군가의 탓으로 돌리고 있으며, 그로 인해 새로운 세대의 외국인 혐오증, 민족주의, 인종차별적 정치가 모습을 드러내고 있다. 우리는 부모 세대보다 더 가난한 상황에 대한 모멸감, 그리고 소외될 진짜 가능성으로 인해 촉발된 분노와 폭력의 정치로 회귀하는 모습을 목격한 바 있다. 심각한 경제위기가 한 번만 더 일어나면 우리가 알던 민주주의는 끝장날 수도 있다.

20세기로부터 배웠지만 잊힌 교훈은 좀 더 신중하고 덜 감정적인 대안이 효과가 있다는 것이다. 실업자와 노인들을 돕고, 노동자와 노동운동을 보호하며, 제어되지 않는 자본주의에 내재된 가혹함과 불공평함을 둔화시키는 프로그램이 필요하다.

하지만 이는 명백하고 이미 잘 알려진 조치라고 할 수 있다. 전체 퍼즐에서 사라진 조각은 경제구조를 제어하는 것의 중요성을 깨닫는 것이다. 과도한 사적 권력의 집중을 방지하거나 깨뜨리는 법률이 필요하다. 반독점 프로그램 하나가 불평등이나 다른 경제문제의 완전한 답이라고 주장하는 것은 과장일 수 있다. 하지만 반독점 프로그램은 사적 정치권력의 뿌리, 즉 정치적 힘으로 연결되는 경제력 집중의 토대에 충격을 가한다.

반독점법의 부활을 지지하는 것은 불평등 해소를 목표로 하는 다른 경제정책들과 다투려는 뜻이 아니다. 그러나 부의 재분배를 목표로 하는 법은 기업집중으로 인해 강화된 정치권력에 의해 스스로 차단되는 경우가 많다. 그때 이런 법은 민주주의를 억누르는 힘으로 쓰일 수 있다. 이런 식으로 경제구조는 경제정책의 영역 내 모든 것에 근원적으로 영향력을 미친다.

이 모든 것이 말로 하기는 쉽지만 실천하기는 어렵다. 세계의 매우 크고 강력한 기업들은 정치적 영향력을 향유하며 비판을 누그러뜨리고 있다. 그리고 이런 기업들은 많은 경우 자국이나 출신 지역에서 '국가 대표national champions'로 간주되며, 수많은 국가가 이런 자국의 대표 기업들이 지구 정복을 시도하기를 독려한다. 자국의 대표선수 혹은 출신 지역 전체가 자랑스러워하는 기업에 이의를 제기한다는 것은 그 어떤 나라라도 매우 부담스러운 일이며, 일방적으로 그들을 무장 해제시키길 원하지도 않는다. 그래서 딜레마 상황이 더욱 어려워진다. 다른 지역이나 국가의 공룡 기업은 두려워하지만 우리 것은 좋아하고 아끼는 경우가 많다.

경제력 집중과 국제 합병의 잠재적 위험성은 추상적이며 멀리 동떨어진 일로 느껴질 수 있다. 그러면 이제부터 가족기업 형태의 육류 도축장을 전 지구적 차원의 독점기업으로 성장시킨 브라질의 사례를 들여다보며 좀 더 구체적인 그림을 그려보자.

육가공 트러스트가 일으킨 파장

1953년 브라질의 목장주 호세 바티스타 소브리노José Batista Sobrinho는 도축 사업을 시작했는데 운영 방식이 매우 단순했다. 소브리노 자신이 직접 소를 도축하고 손질했다. 하루에 소 네 마리를 도축해서 처리했는데, 사업성이 좋다고 판단해 느리지 만 꾸준히 사업을 확장해나갔다. 2000년 무렵 소브리노의 이 름 머리글자를 딴 도축 회사 JBS는 브라질에서 가장 큰 규모로 성장했지만 여전히 가족 소유 방식을 유지했다. 소브리노 집안 은 JBS가 브라질에 적을 두고 있으며 전통적 관리 방식을 고 수한다는 점을 강조했다. 2011년 창립자 호세 바티스타 소브 리노의 아들 웨슬리 바티스타Wesley Batista가 표현했듯이, JBS는 '번거롭고 요란한 절차가 없고, 파워포인트 발표에 시간을 소 진하지 않는 단순한 방식'⁹으로 운영되었다.

21세기 초에 호세는 JBS의 경영을 당시 야심 찬 30대 초반 의 두 아들, 웨슬리와 조슬리Joesley Batista에게 넘겼다. 젊은 바티 스타 형제는 아버지와 달리 더 원대한 꿈을 꾸었다. 세계화, 그 리고 브라질이 남미에서 가장 유망한 경제대국으로 부상할 것 이라는 전망 속에 형제는 가업을 세계적인 육류 가공 기업으로 키워나갈 길을 모색하기 시작했다.

그리고 바티스타 형제는 브라질 기준으로 볼 때 이미 매우 부유한 집안을 어마어마한 부자, 즉 미국이나 유럽, 아시아로 치면 트럼프Trumps, 베링거Boehringers, 귁Kwoks 집안급 부호로 만들 절호의 기회를 감지했다. 바티스타 형제가 어떻게 그 일을 실행했고 무슨 일이 벌어졌는지, 이야기의 내막은 이 시대의 경제가 어떤 식으로 돌아가는지를 말해준다.

* * *

2005년 JBS 경영을 이어받은 직후 바티스타 형제는 맨 먼저 당시의 브라질 개발은행Brazilian Development Bank 총재인 귀도 만테가Guido Mantega를 만났다. 브라질 개발은행은 정부 산하 기관으로, 정부 보조금으로 돈을 빌려주는 권한을 가졌다. 사실 브라질 개발은행은 중소기업이 대기업을 따라잡을 수 있도록 국내 사업에 투자할 때 신용 대출을 해주려는 의도로 설립되었다. 하지만 경제학자이자 정치가이며 세계화의 사도였던 만테가는 이를 시대에 뒤떨어진 조치로 여겼다.

만테가와 바티스타 형제는 가족기업 JBS를 개조하려는 계획을 의논했다. 기존 방식으로 사업을 강화하는 대신 훨씬 더 빠른 대안을 내놓았는데, 세계를 대상으로 다른 육가공업체를 가능한 한 많이 사들이는 것이었다.

회사를 사려면 돈이 많이 든다. 그 돈을 어떻게 마련할까? 여기에 만테가와 브라질 개발은행이 개입한다. 2000년대 초 세계화와 세계시장에 사로잡혀 있던 브라질 정부는 '전 지구적'으로 활동하는 차세대 기업의 육성을 간절히 바랐다. 루이즈 이나시오 룰라 다 실바Luiz Inácio Lula da Silva 대통령과 노동당은 세계화의 기치 아래 해외에 투자한 브라질 기업을 키우기 위해 브라질 국민의 돈을 가져다 썼다. 실상은 만테가의 개발은행에서 싸게 빌린 돈으로 다른 나라의 경쟁기업을 사들인 것이었다.

만테가와 바티스타 형제는 이웃나라 아르헨티나를 대상으로 시험 삼아 매수를 해보았다. 아르헨티나 굴지의 도축업체인 스위프트 아머Swift Armour는 끝이 보이지 않는 듯한 금융 위기로 힘이 빠져 헐값 매수의 대상이 된 상태였다. 만테가는 열정적이었고 할인된 이자율로 매수 대금 2억 달러 대출을 승인했다. 그리고 바티스타 형제는 해외 계좌로 320만 달러를 송금하라는 요청을 받았다. 개인적인 감사의 표현이라 부를 수 있는 일이었는데, 이에 대해 훗날 웨슬리 바티스타는 '일을 성사시키려면 해야 하는 일이었다'[10]고 회고했다.

시운전은 모두에게 행복한 결과를 가져왔고, 이후 10년 동안 바티스타 형제는 브라질 개발은행을 계속해서 찾았다. 그들은 엄청난 현금 뇌물로 기름칠을 해가며 국가가 지원한 돈으로 기업을 마구 사들이기 시작했다. 안전자산으로 꼽히는 수십억 달러의 공적 자금과 나중에는 주주들의 돈까지 움켜쥔 바티스타 형제는 다른 목표물에 눈독을 들이기 시작했다. 2000년대 말 대침체Great Recession(2009년 세계 금융 위기 이후 미국과 전 세계가 겪은 침체 상황 - 옮긴이)로 약해진 미국 기업 세 곳을 연속적으로 인수했다. 스위프트Swift, 그리고 스미스필드 푸드Smithfield Foods와 필그림Pilgrim의 소고기 사업 부문을 사들인 것이다.

그리고 브라질 내 경쟁사와 오스트레일리아의 도축업체 몇 곳을 매수해 JBS는 세계 최대의 소고기 가공업체가 되었다. 당시 하루 약 9만 마리의 소를 도축했고 150개 이상의 국가에 소고기를 수출했다.[11] 저리 대출의 마법과 합병으로 바티스타 형제는 6년 만에 아버지가 50년 동안 힘들게 일해 이룬 것보다 더욱 큰 성장을 이룩했다.

기회가 왔을 때, 바티스타 형제는 자신과 가족들을 챙기는 일도 잊지 않았다. 2009년 형제는 대주주의 신분은 유지하면서 JBS의 주식공개상장Initial Public Offering, IPO을 했다. 주식상장은 성공적이었고 바티스타 형제는 21세기의 억만장자 대열에 새롭게 합류했다. 2014년경 바티스타 집안의 전체 순자산은 43억 달러로 마리노Marinho 집안(289억 달러), 사프라스Safras 집안(200억 달러) 등과 함께 브라질의 거부 반열에 올랐다. 역설적이게도, 이런 집안들이 부를 축적한 시기는 불평등과 어떻게 싸워야 하는지에 대하여 브라질이 전 세계에 교훈을 주고 있다고 많은 사람들이 생각하던 때였다.

단순히 세계 최대의 소고기 가공업체가 되는 것이 목표였거나 그저 부자인 것에 만족했다면 바티스타 형제는 그들 앞에 닥칠 일을 피할 수 있었을 것이다. 하지만 성장은 중독성이 있다. 그리고 오직 소수의 중역만 기업집중의 위험성을 이해하고 너무 늦기 전에 멈춰야 할 때가 언제인지 알고 있었던 것 같다. 바티스타 형제의 입장에서 보면 브라질 정부와 민간 자본이 JBS의 계획을 환영하고 박수를 쳐주는 상황에서 멈추기 어려웠을 수 있다. 2010년대 내내 JBS는 멕시코와 오스트레일리아, 그리고 다른 국가들의 닭고기와 돼지고기 가공업체를 사들였다. 모두 합쳐 40개 이상의 기업을 인수해 JBS는 세계 최대의 육가공업체이자 네슬레에 이어 세계 2위 규모의 식품 회사가 되었다.[12]

이 단계에서 JBS의 기업 쇼핑은 전 지구적 연쇄반응을 일으키기 시작했다. '단백질 시장'이라 불리게 된 것을 나눠 갖기를 열망하는 다른 육가공업체들이 비슷한 합병 작업에 돌입한 것이다. 중국의 WH그룹은 국가 보조금으로 미국의 돼지고기 가공업체인 스미스필드 푸드를 47억 달러에 인수하여 JBS의 경쟁사가 되었다. 닭고기 생산에서 수직적으로 통합된 '공장식 축산 농장' 모델의 창시자인 미국의 거대 기업 타이슨 푸드Tyson Foods도 이에 뒤질세라 기업 매수 쇼핑에 뛰어들었다.

반독점 전통이 있는 국가에서 정부는 독점으로 이어지거나 경쟁을 현저히 감소시키는 합병을 막아야만 한다. 그런데 어떤 이유에서인지 세계 육류 가공 산업의 합병 작업은 이 레이더 망을 피해나갔다. 미국에서의 한 가지 예외를 제외하고 세계의 정부들은 20년 이상 JBS나 다른 전 지구적 합병을 추진하는 기업의 기업 매수를 저지하거나 금지하는 조치를 전혀 실행하지 않았다. 반대로 자국이 사랑하는 기업들의 기업집중화나 합병은 오히려 권장했다. 그중에서도 브라질 정부가 가장 관대했다. 모든 것이 끝났을 때 200억 달러에 달하는 전 지구적 기업 쇼핑 비용은 브라질 국민이 지불한 셈이 되어버렸다.

결과적으로 2010년대 중반 전 세계의 소고기, 닭고기, 그리고 돼지고기 시장은 완전히 변해 있었다. 한때 지역 사업이었던 육류 가공업을 소수의 기업이 지배하고 있었다. 그 결과로 전리품을 나누는 방법, 육가공업식으로 표현하면 고기를 도축해 자르는 방식이 변해버렸다. 새로운 질서 아래 중간 규모의 육가공업체들이 합쳐져 결성된 그룹이 수익을 강화하기 위해 공급자와 소매상을 쥐어짜는 형국이 되었다. 패자는 중소 농장주들, 작은 소매상, 노동자, 그리고 동물들이었다.

산업 집중이 임금 정체 현상을 불러오고 전 지구적으로 목장주와 농부들을 옥죈다는 것은 놀라운 일이 아닐 것이다. 육류 수요가 상승하는데도 실제 생산자와 동물을 사육하는 사람들의 수익은 줄어들었다. 하지만 JBS는 그런 문제를 별달리 염려하지 않았다. 사실 2017년 조사에서 노동시간이 하루 20시간에 육박하고 고용인에게 썩은 고기를 먹이는 공급자의 상품을 JBS가 구매했다는 사실이 드러났다.[13]

동물을 다루는 방식도 변화되었다. 산업 집중은 닭고기 생산을 최대화하기 위해 고안되어 발전된 '공장식' 가공 기술이 널리 확대되는 현상을 야기했다. 이는 소와 돼지를 '닭 공장 사육 방식'으로 키운다는 의미다. 지금은 모든 동물이 이전 시설보다 훨씬 큰 생산 시설 내의 아주 작은 공간에서 산다. 이전보다 더 많이 약품 처리를 당하고, 도살하기에 적절한 무게로 빨리 키우기 위해 성장호르몬을 사용하는 탓에 동물들의 수명은 더 짧아진다. 이렇게 해서 단백질 생산 비용은 줄어들지만 그 대가는 동물들이 치른다.

그런데 기업집중이 소규모 기업, 노동자, 동물들에게 나쁘다 해도 최소한 소비자에게는 더 좋은 점이 있지 않았을까? 안타

깝게도 이 또한 예상을 빗나갔다. 1990년대와 2000년대 초에 걸쳐 육가공업계의 산업 합리화는 단백질의 구매 가격을 감소시키기는 했다. 하지만 그때 이후 가격은 안정화되었고, 기업 집중 현상이 증가하면서 심지어 돼지고기와 소고기 가격이 오르기 시작했다. 수요 증가도 원인이긴 하나 또 다른 확실한 이유는 교섭력 때문이었다. 나라별로 육류 가공업체가 서너 군데뿐이라 가격을 올리기가 쉬웠다. 사실 그들은 담합을 해서 동물을 어떻게 기를지, 소를 살 때 얼마를 지불할지, 소매상에는 어떤 가격에 고기를 팔지 결정할 수 있었다.

육가공 산업의 경제학도 중요하지만 그게 전부는 아니다. 과도한 기업집중이 미치는 영향이 경제적 재분배에만 국한되는 경우는 매우 드물다. 결국에는 정치 영역까지 번지는 고약한 경향을 띤다. 그리고 특히 정부의 부패와 정치적 반발을 만들어낸다. 유감스럽게도 브라질의 경우 무모한 세계화 캠페인이 나라의 근본을 뿌리부터 흔들어놓았다.

2016년 브라질 연방 경찰은 JBS의 사무실을 급습했다.[14] JBS와 다른 회사들이 위생검사관들에게 정기적으로 뇌물을 줘 브라질 식품안전법을 지키지 않고도 빠져나갈 수 있었으며 마진을 부풀렸다는 오랜 의혹이 모두 사실로 판명되었다. 경찰이 발표한 바에 따르면 이들 회사는 뇌물을 써서 유통기한을 변경

한 사실을 숨겼고, 상했을 가능성이 있거나 병균에 감염된 고기에 화학첨가제를 넣어 냄새와 외관을 숨겨 수출에 용이하도록 만들었다. 대대적으로 보도된 기자회견에서 한 조사관은 심지어 육가공업계가 상한 고기에 발암물질로 산성 처리를 한 뒤 브라질의 학교 급식용으로 판매했다고 비난했다.

오염된 소고기 스캔들 발생 직후 바티스타 형제는 검찰에 뇌물 수수와 관련해 브라질 대통령 미셰우 테메르Michel Temer와의 대화 녹음 테이프를 실수로 제출하는 바람에 다른 검사에게 체포되었다. 검찰 조사 중 바티스타 형제는 1,800명 이상의 정치가와 정부 관리를 대상으로 뇌물 공여를 했음을 시인했다. 다른 무엇보다도 검찰은 JBS가 수년간 열대우림보호법을 고의로 위반했다는 사실을 밝혀냈다. 결론적으로 바티스타 형제는 뇌물과 '기여'금 명목으로 총 1억 5,000만 달러를 썼음을 시인했다.[15] 애초에 JBS의 기업 쇼핑 자금을 댄 귀도 만테가도 이때 뇌물 수수 혐의로 체포되었지만 기소되지는 않았다.

오명으로 점철된 육류 부패 스캔들은 JBS뿐 아니라 브라질에도 악영향을 미쳤다. 2017년 세계 각국이 브라질산 육류 수입 금지를 선언하자 브라질 육류업계는 거의 붕괴할 지경에 이르렀다. 그리고 이런 붕괴 현상은 정유 회사인 페트로브라스Petrobras, 채광 기업 발레Vale, 항공기 생산 기업 엠브라에

빅니스

르Embraer 등 2010년대 브라질의 다른 '국가 대표' 기업들이 직면한 심각한 문제와 스캔들에 맞물리게 되었다. 이들은 엄청난 국가 보조금을 받은 전 지구적 기업으로, 미래의 세계경제에서 브라질을 바꿀 주자들로 여겨져왔다. 하지만 과다한 확장과 의심스러운 투자로 인한 부패 스캔들, 그리고 심각한 기업 문제에 맞닥뜨리게 되었다.

돌이켜보면 브라질 정부는 소수의 거대 기업이 해외 계좌로 현금을 보내거나 정치자금을 후하게 기부할 용의가 있는 경우 이들에게 승부를 걸었던 것으로 드러났다. 한 연구에 의하면 브라질 개발은행의 대출금 대부분이 원래 의도대로 중소기업으로 간 것이 아니라 가장 부유한 거대 기업으로 몰렸다.[16] 그런데 이들 기업이 흔들리기 시작하고 붕괴될 때, 브라질 경제는 함께 끌려 들어갔다.

2014년 브라질은 수십 년 만에 최악의 경기 침체 국면으로 접어들었다. 경제는 10퍼센트 가까이 위축되었고 실업률은 76퍼센트까지 치솟았다. 일자리를 잃고 분노하는 노동자가 1,200만 명에 이르렀고 범죄율도 무섭게 증가했다.[17] 2000년대에는 세계화와 기업집중에 승부를 거는 것이 좋은 아이디어 같았다. 좀 더 온건한 방식이었다면 성공했을 수도 있다. 하지만 JBS 같은 기업은 브라질 국민의 세금을 흥청망청 써가며 국내와 해외의 경쟁사를 제거했다. 미국과 오스트레일리아, 그리고 다른 나라 목장주의 수익을 쥐어짜기 위해서였다. 이런 전략은 얼마 동안 효과적이었지만, 결과적으로는 충격적이며 치명적인 붕괴로 이어졌다.

브라질이 이룬 성취 중 불평등 문제의 해결은 알려진 것보다 미미했던 것으로 드러났다. 회고해보면 2000년대 경제 활황기에 가장 가난한 노동자들이 삶을 개선할 수 있었고 최저임금을 높이는 개혁 등 나름의 진전이 있었다. 하지만 바티스타 형제같이 가장 부유한 계층은 더욱더 부유해지면서 불평등이 심화되었다. 그리고 붕괴가 시작되자 가장 가난한 계층이 제일 심한 타격을 입었고, 이전 10여 년 동안 이룬 진보의 많은 부분이 무위로 돌아갔다. 그리하여 630만 명이 빈곤층으로 떨어졌는데, 그 수치가 계속 늘어나 브라질 전체 인구의 11퍼센트까지 상승했다. 실업률은 12퍼센트 위에 멈춰서 내려오지 않았다. 이렇게 이후 벌어진 상황을 고려할 때 브라질은 기업집중의 저주가 어떤 모습인지를 보여주는, 이 시대의 결정적 모델이 되었다.

브라질의 경제적 고통은 곧 정치로 옮아갔다. 국가의 엘리트이자 부자들이 20여 년간 행한 부의 집중 행위는 흉포한 힘을 가진 민족주의자들의 반발을 일으켰는데, 이는 민주주의를 위협했다. 브라질은 1964년부터 1984년까지 권위주의적 독재정

권 치하에 있었다. 2018년 여전히 경제적 곤궁이 극심한 상황에서 전직 군 장교가 예전의 시나리오를 따라 브라질의 위대함을 복원할 국가의 구원자를 자처하며 대통령직에 출마했다. 자이르 보우소나루Jair Bolsonaro는 옛 독일의 국가 '위버 알레스über alles'를 베낀 것이 분명한 구호를 채택했다. '브라질이 최고, 그 누구보다 하나님이 먼저'를 외쳤다.[18] 보우소나루는 브라질의 군사력 재건과 경제 안정을 약속했고 '빨갱이', 게이와 다른 희생양 등을 악당으로 상정해 이들과 전쟁을 벌이겠다고 선언했다. '기존 체제 타도'를 외친 보우소나루는 선거에서 손쉽게 승리했다.

JBS와 브라질의 사례는 우리가 20세기 역사가 주는 중요한 교훈을 제대로 받아들이지 못했음을 보여준다. 브라질에서 진행된 일들을 살펴보면 기업집중으로 인해 엄연한 불평등 현상이 발생했고 경제가 붕괴되었으며 극단주의 정부가 들어섰는데, 이는 전혀 새로운 일이 아니다. 브라질의 사례는 무엇보다 1930년대 파시즘의 출현과 제2차 세계대전을 통해 어렵게 얻은 교훈을 재고해야 할 필요성을 극명하게 보여준다.

2

세계대전의 불씨가 된 경제구조

제2차 세계대전을 겪으며 수백만 명이 죽고 주요 도시가 폐허가 된 상황에서 세계의 주요 국가들은 긴급한 질문을 던지기 시작했다. 세계는 파시즘이 다시 출현하는 것을 방지할 수 있을까? 소수 국가의 소수 정파가 전 세계를 파멸적 전쟁으로 몰고 들어가는 상황을 어떻게 막을 수 있을까?

이 질문에 대한 답이 몇 가지 나왔다. 1945년 유엔이 설립되었다. 그리고 다른 나라를 공격하는 것을 금지하는 유엔헌장이 제정되었다. 유엔헌장은 '우리 시대에 발생한 두 번의 전쟁은 인류에게 말로 표현할 수 없는 슬픔을 안겼으며 그런 전쟁의 참상으로부터 미래의 후손들을 구할 권한'을 자임했다. 독일과 일본에는 다시는 군사력을 키우지 못하도록 특별 제한 사항을 두었다. 브레튼우즈Bretton Woods 체제에 입각한 기관(국제통화기금IMF, 세계은행World Bank, 세계무역기구WTO)이 설립되어 국제적 경제 불안정을 막고 군사 전쟁에 앞서 먼저 벌어졌던 일종의 무역 전쟁을 방지하고자 했다.

그런데 우리는 여기서 중요한 퍼즐 조각 하나를 잊고 있다. 그것은 바로 파시즘의 경제적 기원을 잊지 않고 겨냥하는 작업이다. 독일과 일본의 경제구조가 독재자를 낳은 촉매제였다는 우려에 기반해 그런 경제구조를 해체하려는 노력을 기억하는 사람이 지금은 거의 없다. 이와 관련해 미국 법무부의 월터 베넷Walter Bennett은 "경제력을 집중시켜 새로운 독재자가 최상층부에서 그 힘을 장악하게 내버려두는 것이야말로 더없이 정교한 무기다"[1]라고 말했다.

사실 제2차 세계대전의 참화 직후 독일과 일본의 독점 산업을 해체하는 작업은 필수라고 여겨졌다. 미국 상원 보고서를 살펴보면 다음과 같다.

'반드시 독일의 산업구조를 바꾸고 제어 방식도 변경해야 한다. …… 독일의 제국주의를 영구적으로 종식시켜야만 평화롭고 민주적인 독일이 다시 일어설 수 있다.'[2]

이에 따라 히틀러의 제3제국이 무너진 후 연합군 측은 나치 정부와 군대는 물론 독일의 주요 독점기업을 해체했다. 구체적

빅니스

으로 그런 조치를 내려 다시는 독일이 '정치적 또는 경제적 공격의 도구'로 독점기업을 이용하지 못하도록 법으로 제정했다.[3] 일본에서도 이와 유사하게 미군정은 일본 경제를 장악하고 있던 주요 재벌 기업, 자이바쯔zaibatsu, 財閥를 해체했다.

공정하게 말하자면 일본과 독일만 전쟁 기간 중 자국 기업의 광범위한 독점 행위를 묵인한 것은 아니다. 1920년대 말부터 1930년대까지 무솔리니와 스탈린은 중앙집권화된 계획경제를 신봉하는 주요 인물이었고, 다른 국가에서도 기업의 규모와 힘을 숭배하는 열기가 그 어느 때보다 뜨거웠다. 이 시기에 독일뿐 아니라 영국, 프랑스, 캐나다도 기업의 독점 행위와 카르텔을 묵인하기 시작했다. 1919년 반독점 원칙의 역사를 가진 영국에서 나온 「트러스트 보고서Report on Trusts」에 의하면 당시 93개의 '준독점' 제휴체가 존재했다.[4] 세상에서 가장 공격적인 반독점법을 가진 미국도 1920년대에는 관련법을 강화하지 않았다. 그리고 1930년대 초 대공황에서 벗어나려는 시도로 중앙집권적인 경제계획을 수용하고 반독점법은 대대적으로 보류하였으나 성공을 거두지는 못했다.

사실 1930년대 초에 전 세계는 기업집중의 저주로 고통받고 있었다. 세계의 주요 국가들은 자국의 독점기업과 국가 대표급 기업을 선택해 육성했는데, 이는 결국 경제 붕괴와 세계대전으로 이어졌다. 동시에 세계는 이례적으로 국제적 카르텔을 형성했다. 각국의 국가 대표 독점기업의 영역을 침범하지 않는다는 내용이 대부분을 차지하는 국제적 합의망을 만들어낸 것이다. 기시감이 느껴지는 사례로 오늘날 몇몇 다국적 기업을 들 수 있다. 이들은 국제적 경쟁이라는 감각을 유지한다고 주장하지만, 그러면서 소비자나 노동자에게 돌아갈 혜택의 대부분을 없애버린다.

그러면 가장 극단적인 사례로 과거의 독일과 일본이 팽창주의적이며 권위주의적인 권력체로 변모한 모습을 자세히 살펴보도록 하자.

독일의 카르텔과 나치의 친구들

미국 상원의원 할리 킬고어Harley Kilgore는 1944년 상황을 다음과 같이 요약했다.

'독일은 철강, 고무, 석탄, 그리고 다른 재료산업의 독점 체제를 강화했다. 이 독점기업들이 독일을 조종했고 히틀러를 권좌에 앉혔으며 사실상 전 세계를 전쟁으로 몰아넣었다.'[5]

이 문장은 확실히 과장되었다. 하지만 뒤돌아보면 히틀러가 권력을 강화하고 독일을 전쟁을 위한 계획경제체제로 바꾸는 데 바이마르 공화국, 나치 독일의 경제구조, 그리고 이념이 어느 정도 역할을 했다는 점을 부정하기는 어렵다. 오늘날 우리가 감당하는 위험을 인지하려면 다음에 나오는 이야기를 반드시 이해해야 한다.

시작은 19세기로 거슬러 올라간다. 당시 산업화를 이룬 나라들과 마찬가지로 독일 기업은 몸집과 사업 영역을 키우고 카르텔을 형성하기 시작했다. 그들은 어떤 카르텔이었을까? 철강 카르텔을 의미하는 '스탈베르크버반트Stahlwerksverband'같이 산업계 전반에 걸친 조직들이었다. 이들은 관련 업계 제품의 가격 책정, 품질, 그리고 다른 제품 관련 문제를 조정하는 역할을 했다. 좀 더 발달한 카르텔들은 해당 업계를 꼼꼼히 관리하고 규칙 위반을 감시하는 산하 기업 같았다. 따라서 독일의 카르텔들은 조정 수준에 따라 기술적으로 독점은 아니지만 여러 가지 독점의 특징을 복제한 형태에 산업을 융합한 경향을 띠었다.

영국, 미국과는 대조적으로 독일과 독일의 지식인은 거의 만장일치로 카르텔을 받아들이고 심지어 환영하기까지 했다. 20세기 초에 엄청난 영향력을 미쳤던 경제역사가 구스타프 슈몰러Gustav Schmoller는 카르텔은 '공적 생활의 새로운 질서'라며 환영과 지지를 표했다. 카르텔은 독일인이 만들어낸 탁월한 발명품이자 고약한 영국식 산업화를 개선한 모델로 받아들여졌다. 카르텔 지지자들에게 카르텔은 '국가 경제의 순서에서 진보적 단계를 대표하는 것이며 그 진보는 필연적으로 국가 경제를 더욱 조직화된 형태로 이끌 것'[6]이었다.

독일 지식인들이 카르텔을 긍정적으로 받아들였던 데는 독일인들의 생각이 일부 반영되어 있다. 독일 사람들 사이에는 강한 자가 약한 자에게 힘을 행사하고 승리를 거두는 것은 필연이며 궁극적으로 이로운 결과를 가져온다는 생각이 널리 퍼져 있었다. 독일인이 만들어낸 '위버멘시übermensch(초인)'라는 단어는 넓은 의미에서 사회다윈주의Social Darwinism(다윈의 진화론에서 생존경쟁에 의한 선택의 이념을 인간 사회에 적용한 사회진화론의 하나 - 옮긴이)의 교의를 상기시키는 면이 있다. 당시 사회다윈주의는 전 세계 자본주의자 계급의 정치철학으로, 그리고 일부에게는 종교 비슷한 것으로 받아들여질 만큼 인기를 누렸다.

1900년경의 믿음은 이런 것이었다. 인류는 진화적 변화의 과정 중에 있으며 그 목표는 새로운 인류를 만들어내는 것이다. 그러려면 작고 약한 구세대의 것들을 없애고, 새롭고 과학적이며 무엇보다 위대하고 강력한 것을 마련해야 한다. 경제 측면에서 이는 순전한 자유방임적 자본주의를 따르고, 현대 과학의 기적이라 할 강력한 독점기업이나 카르텔이 소규모 또는 전통적 사업을 통합하는 것을 의미했다. 정치 분야에서는 강자가 약자를 쫓아내지 못하도록 막는 개입(그것이 어떤 종류라도 상관없이 모든 개입)에 반대하는 것이었다. 따라서 '약자의 세상을 없애버리고 더 나은 존재를 위한 공간을 만들기 위해' 궁핍한 자들은 알아서 살거나 죽게 내버려둬야 한다는 전제에서 영국의 '형편없는 법률'에 반대했다.[7] 사회계획의 영역에서 사회다윈주의자들은 육체적 혹은 정신적 장애가 있는 이들을 도태시킴으로써 새로운 시대의 도래를 앞당기는 데 도움이 되는 우생학 운동을 지지했다. 존 D. 록펠러 주니어John D. Rockefeller Jr.도 미국인 1,500만 명에게 불임수술을 하는 계획에 개인적으로 기부를 했다. 허버트 스펜서Herbert Spencer(빅토리아 시대에 활동한 진화론과 사회적 다윈주의 이론가 - 옮긴이)는 '완벽한 행복이라는 위대한 계획을 작동시키는 힘은…… 특정 부류의 인간들이 그 힘이 전진하는 길을 막고 있을 때, 맹수와 쓸모없는 반추동물 떼를 없애는 것과 같은 엄중함으로 그런 인간들을 절멸시킨다'[8]고 말한 바 있다.

이 말이 시사하듯, 산업화된 모든 국가의 경제에는 독점으로 향하는 움직임이 있었고 모두가 산업의 변화를 마주하고 있었다. 하지만 미국의 이야기는 독일과 큰 차이가 있음을 상기할 필요가 있다.

오늘날의 사람들에게 미국은 제약받지 않는 자본주의의 전

형으로 비춰진다. 하지만 19세기의 미국은 상황이 달랐다. 당시 미국은 기본적으로 농업국이었고 대기업이란 것은 비교적 새로운 기업 체제였다. 그리고 대중은 대기업을 불신했다. 20세기 초 부유한 '악덕 자본가'들은 부정부패를 고발하는 개혁 성향이 강한 기자들, 시어도어 루스벨트나 루이스 브랜다이스(브랜다이스에 대해서는 이후에 구체적으로 다룰 것이다) 같은 인물들이 기반을 다진 지적·대중적·법적 저항에 부딪혔다.

(반트러스트 운동으로 알려진) 독점에 대한 꾸준한 반발로 스탠더드오일같이 가장 강력한 초기 트러스트 기업들이 해체되었다. 또한 유명 은행가 J. P. 모건 같은 주요 독점기업가들은 대중적 불명예를 입은 상태로 죽음을 맞이했다. 미국에서 반독점 세력이 모든 전투에서 승리했다는 것은 아니지만 이념적, 그리고 정치적 저항은 상당히 효과가 있었다.

하지만 세기 전환기의 독일은 상황이 매우 달랐다. 독일에서는 사실상의 경제 독점에 저항한 정치적·대중적 움직임이 전혀 없었다. 오히려 독일의 지식인은 좀 더 문명화된 측면을 강조하며 독일 산업의 우수성만 바라보는 경향이 있었다. 위험에 눈먼 이런 무분별함은 독일의 산업을 더욱 위험에 빠뜨렸다. 저명한 지식인 구스타프 슈몰러는 독일 방식의 우수성을 다음과 같이 선언했다.

"미국의 독점기업들은 '강도와 사기 시스템'이지만 독일의 카르텔은 '정의와 공정함의 시스템'이다."[9]

경제학자 헤르만 레비Hermann Levy는 1934년 발표한 글에서, 독일 경제 용어에서 '독점'이라는 단어는 결코 대중적 의미를 가져본 적이 없으며 독일 대중에게서 '반독점'의 정신이나 추론은 찾아볼 수 없다[10]고 강조했다.

이런 점이 암시하듯, 애국심과 민족주의는 독일인들이 카르텔을 지지하는 데 기여했다. 수많은 독일인들은 독일 기업을 이끄는 지도자들이 제국의 전리품 중 정당한 몫을 얻기 위해 영국·프랑스·미국의 회사들과 치열하게 경쟁하고 있다고 생각했다. 법사학자이자 법률가인 크누트 볼프강 뇌르Knut Wolfgang Nörr는 '카르텔은 외국 경쟁사에 맞서 싸우는 산업 전사 조직 역할을 했다'[11]고 말했다.

지식인과 대중이 가는 길에 곧 국가가 합류했다. 1923년 바이마르 공화국은 카르텔을 명백하게 합법화하고 조정하는 법을 통과시켰다. 그리고 몇 가지 예외 조항을 단 채 산업계 전반에 독점(독일에서는 '합리화'로 알려진)이 이루어지도록 디자인된 합병 건들을 수용했다. 1920년대 중반 독일 경제, 특히 중공업계는 비교적 적은 숫자의 독점기업과 촘촘한 카르텔로 집중되고 조직화되었다. 그중에서 나치 경제에 중요한 역할을 한 것으로 드러난 기업은 크루프Krupp 군수회사, 지멘스Siemens, 광산업, 강철과 철강을 지배한 독점기업 페라이니히테 슈탈베르케 A. G.Vereinigte Stahlwerke A. G., 그리고 홀로코스트 당시 사용된 독가스 제조업체인 화학 회사 IG 파르벤IG Farben이었다. 악명 높은 IG 파르벤은 1925년에 합병되어 독점기업이 되었다.

독일이 기업의 독점과 카르텔화를 받아들인 대가는 1930년 대 들어 더욱더 분명하게 드러났다. 역사가들은 독일의 주요 카르텔과 독점기업들이 독일의 나치화 과정에서 피해를 입었는지, 아니면 공범이었는지 그 정도와 규모에 대해 오랫동안 논쟁을 벌여왔다. 하지만 이보다 더 확실해 보이는 것은 독일의 경제구조가 독일이 독재국가로 전환되는 과정에서 일정한 조건을 만들었고 또 기여했다는 점이다. 이에 대해서는 네 가지 측면을 고려해볼 수 있다. 첫째, 독일의 경제 공황이 더욱 극심해지는 데 기여했다는 점, 둘째, 1930년대 초반 히틀러가 권력을 집중시키는 데 중공업계가 조력했다는 점, 셋째, 독일 경제가 계획경제로 전환된 점, 마지막으로 전쟁에서 독일의 독점기업들이 구체적인 역할을 했다는 점의 측면에서 생각해볼 수 있다.

아돌프 히틀러는 1930년 선거에서 처음으로 주목할 만한 수의 유권자로부터 지지를 얻었다. 극심한 공황을 겪던 당시에

빅니스

히틀러는 만연한 경제적 어려움으로 터져 나온 사회적 분노의 파고를 탔다. 그런 상황을 이용한 자가 히틀러가 최초는 아니었고 마지막도 아닐 것이다. 하지만 히틀러는 기업의 불법행위로 촉발된 대중의 분노를 이용하는 동시에 다른 한편으로 은밀하게 재계 지도자들과 접촉해 그들이 가장 원하는 것을 약속하는 사악한 영리함과 능력을 보여주었다.

1930년대 초에 일어난 독일의 공황은 경직된 경제구조 때문에 더욱 악화되었고 '몰락한 독일 중산층 무리가 야전 군복을 입고 사회의 쇠퇴와 싸울 줄 아는 지도자를 따르게 만들었다'. 독일의 공황은 '대중 속에 파시즘이 성장하는 비옥한 토양'을 만들어냈다. 독일의 중공업계가 공황을 의도하지는 않았다고 해도 히틀러의 당의 힘이 가장 미약할 때 뒤에서 지원함으로써 결국에는 나치당이 권력을 잡는 데 훨씬 더 직접적인 기여를 한 셈이 되었다.

나치당과 독일 중공업계의 밀착이 급속히 이루어지지 않았으며 단순하지도 않았다. 1920년대 내내, 그리고 1930년대 초반까지 산업계는 나치 선전과 홍보에 동조하지 않았고 사실상 저항했다. 나치당에는 히틀러를 위시해 거친 비주류 인물들이 포진해 있었는데 이들은 재계 엘리트들을 소외시키는 성향을 보였다. 그런데 1930년대 후반으로 가면서 나치의 명분을 지지할 '친구들 circle of friends'의 영입 책임자였던 헤르만 괴링 Hermann Göring은 민주주의가 실패했다는 주장에 동의할 재계 지도자가 점점 더 많아지고 있다는 것을 알게 되었다. 그들은 괴링이 내세우는, 독일 경제에 정말 필요한 것은 힘의 지렛대를 움직일 강력한 손이라는 아이디어에 긍정적이었다.

1930년대 초 나치와의 비밀 모임을 조직하던 사람들 중 한 명은 '당시 기업가들의 일반적 목표는 강력한 지도자가 권력을 쥐고 그 힘을 오랫동안 유지하는 정부를 만드는 것이었다'고 말했다. 기업들은 지속되는 사회 불안정, 노동불안, 그리고 무엇보다도 공산주의 혁명이 일어날지도 모른다는 두려움에 사로잡혀 있었다. 역사학자 조지 홀가튼 George Hallgarten의 말로 표현하면, 기업가들은 '차악으로 히틀러를 지지'하는 것이 최선이라고 생각했고 '정치적·경제적으로 그가 권력을 장악하도록 최선을 다할 용의가 있었다'.

결정적 시기는, 나치당이 상당한 힘을 얻었지만 심각한 차질을 빚기 시작한 1932년 말이었다. 경제가 회복되기 시작하자 나치는 지지자들은 물론 의회에서 의석을 잃기 시작했고, 나치당 자체도 파산에 직면해 있었다. 역사의 다른 측면에서 보면 나치의 움직임은 모든 민주주의 국가가 이따금 경험하게 되는, 어차피 오래가지 못하는 일탈 현상 중 하나가 되었을 가능성도 있었다. 그런데 결정적으로 1932년 독일의 중공업계가 민주주의로부터 등을 돌려버렸다. 주요 인사들은 독일을 사회주의와 노조로부터 구출하겠다는 나치당의 약속을 사실상 받아들였고 여전히 민주주의와 바이마르 공화국을 믿고 있던 좀 더 온건한 보수주의자들을 저버렸다. 소수의 결정이 어떻게 독일을 변질시키고 전 세계를 전쟁의 참화 속으로 몰아넣었는지를 돌아보면 실로 충격적이다.

1932년 나치당이 비틀거리자, 이전에는 서로 분리된 채 중도적 입장이었던 기업가들이 돈이 절실하게 필요한 순간에 처한 그들에게 재정 지원을 제안했다. 그리고 '친구들'이 나치당의 핵심적인 재정 지원자가 됨으로써 이 제안은 확실하게 구현되었다. 1932년 11월 '친구들'은 수백만 마르크를 갹출해 히틀러와 그의 SS친위대에 전달했고 당의 채무도 대신 떠맡았다. 1933년 말 IG 파르벤은 나치에 450만 제국마르크를 기부했다. 나치당은 그 돈으로 불법 무장단체의 활동을 지원해 민주주의 절차를 무력화했고 대대적인 선전선동 캠페인을 벌여 진행 중이던 선거를 교란시켰다.

저항하던 산업계를 끌어들이고 금융 지원을 받은 것만으로 히틀러가 부상할 수 있었던 것은 아니다. 그 이상의 다른 요소도 있다.

당시의 보수파 지도자들도 비난을 피할 수 없다. 먼저 그들은 나치의 무자비함을 과소평가했다. 그리고 악명 높은 히틀러를 끌어들이고 그에게 힘을 주며 어리석은 희망을 품은 것은 명백한 실수였다. 부정할 수 없는 것은, 독일 경제가 집중화되면서 소수가 맘대로 산업 전반을 주무를 수 있었기에 히틀러가 지지를 얻는 작업을 용이하게 만들었다는 점이다. 일단 지지를 얻자 커다란 차이를 만들어낼 수 있었다.

독일 경제의 구조가 집중되자 히틀러는 독일을 군수품 생산에 용이한 계획경제체제로 바꾸는 작업을 쉽게 해낼 수 있었다. 1933년 권력을 완전히 장악한 후 히틀러는 직접 군사 목적의 산업화에 방점을 둔 경제개발 4개년 계획의 초안을 작성했다. 그는 '우리가 가진 자원으로 할 수 있는 군사 개발의 정도와 규모는 아무리 커도 지나치지 않고, 속도 또한 빠르면 빠를수록 좋다'[12]라고 썼다. 경제의 목적은 '독일이 자기 권리를 주장하고, 독일인의 삶의 공간Lebensraum을 확장하기 위해서다'.[13]

이 계획 실행의 핵심은 카르텔과 독점기업에 의존한 경제 조정 이론Lenkungslehre이었다. 나치당은 자신들의 발명품을 새로운 형태의 경제 정부, '자본주의 계획경제'라고 불렀다. 이는 개인의 재산권은 인정하되 국가가 적절하다고 판단할 때는 언제든지 개입할 권리를 갖는 것이다. 따라서 철강 기업에 기갑 탱크 제작용 철판을 생산하게 하고, 화학 독점기업에 전시에 사용할 합성고무를 개발하라고 지시할 수 있었다. 그러므로 독일의 카르텔과 독점기업들은 자유 시장이 독재 시장으로 변하는 데 '민첩하게 작동하는 위험한 심박조율장치'였음이 증명되었다.[14]

마지막으로 독일의 산업이 전쟁 자체에 수행한 역할에 대해 알아볼 차례다. 전쟁이 끝난 뒤 연합국 측은 이 주제와 관련해 광범위한 연구를 진행했다. 핵심을 말하면 유나이티드 스틸United Steel, 크루프, 지멘스, IG 파르벤, 그리고 다른 주요 독일 기업들은 사실상 국가의 무기가 되었으며 군비 증강과 전쟁의 수혜자가 되었다. 예를 들면 한 미군 관리는 IG 파르벤이 '주요 산업의 핵심 중 하나로 독일에 봉사했고, 이후 세계 정복을 위한 추진력의 구성 요소가 되었다'[15]고 주장했다. 알프레드 크루프 폰 볼렌 운트 할바흐Alfried Krupp von Bohlen und Halbach가 경영한 크루프는 이어진 전쟁에서 독일이 다시 군비 증강을 할 때 혜택을 받은 주요 기업 중 하나다. 크루프는 대구경 대포, 장갑판, 대평원용 대포 등을 만들었고 사기업 중 최대 규모의 U보트와 전함을 건조했다.

훗날 뉘른베르크 전범 재판이 열렸을 때 크루프와 다른 기업의 고위 중역들이 수용소의 노동력과 수만 명의 프랑스 전쟁포로를 이용해 이득을 취했음이 밝혀졌다. IG 파르벤은 (효율성을 이유로) 자체 수용소를 운영했고 아우슈비츠 포로수용소 단지 내에서 고무 공장을 가동했다. 그러면서 수백만 포로를 살상하는 데 사용된 치클론 B Zyklon B 가스를 공급했다.

이런 기업들이 나치 독일의 명령을 이행한 주체였음이 확실한데도 사태 발생에 대해 독점기업들을 비난하는 것이 옳은지에 대한 논란이 있곤 했다. 그러나 거대 독일 기업들이 히틀러의 통치에 협조한 능동적 공범이었는지 희생자였는지는 사실 중요하지 않다. 우리가 알고 싶은 것은 독일의 경제구조가 나치 국가 설립과 실행에 위험한 촉매제 역할을 했느냐는 것이다. 역사의 기록은 전쟁 전 독일의 산업계에서 기업집중 현상이 심했던 것이 히틀러가 권력을 잡고 세계 정복을 꿈꾼 독일의 노력에 일조했다는 주장에 상당한 설득력을 실어준다. 이는 지금 시대를 사는 우리가 절대 가볍게 무시할 수 없는 교훈이다.

자이바쯔가 추구한 목표

20세기 초 일본 산업의 역사는 독특하다. 독일에서와 같이 기업집중 현상을 조절하려는 노력은 없었다. 오히려 그 반대였다. 공산주의 국가를 제외하면, 국가와 산업계가 서로 얽히는 현상은 산업화를 이룬 국가들 중에서 그 어느 곳보다 일본에서 훨씬 더 광범위하게 일어났다고 할 수 있다. 정부와 민간 영역을 분리하는 선이 그야말로 뒤죽박죽이며 어지럽게 엉켜 있었다.

제국주의 일본과 히틀러의 제3제국 모두 자국 경제의 집중화와 합병을 허용했다. 일본의 사례는 대중이 저항할 진정한 통로가 박탈당하고 공공과 민영의 기능이 심하게 뒤엉킨 나라에서 일어날 수 있는 일이라는 교훈을 준다. 오늘날의 국가 중 전전戰前 일본의 사례를 보고 통찰력을 얻을 수 있는 나라가 있다면 중국이다. 현재 중국은 전전 일본과 비슷하게 권력을 견제할 힘이 없고 공공과 민영 분야의 경계가 불분명하다.

전쟁 이전 일본의 경제 질서는 자이바쯔를 중심으로 구축되었다. 자이바쯔란 강력한 가족 통치자에 의해 운영되는 일련의 기업 연합체를 의미한다. 자이바쯔는 미국과 유럽의 신디케이트syndicate(동일 시장 내의 여러 기업이 출자하여 공동판매회사를 설립, 일원적으로 판매하는 조직 - 옮긴이), 트러스트, 카르텔과 비슷한 면이 있지만 어떤 면에서는 다르다. 두 가지의 두드러진 차이점이 있다. 미국의 트러스트와 달리 일본의 자이바쯔는 (미국의 스탠더드오일이나 독일의 IG 파르벤처럼) 단일 산업을 독점화하지 않는 경향을 보였다. 대신 복합체 형태로 엄청난 수의 산업을 거느린다. 그래서 어느 한 산업(트랙터를 예로 들면) 내에서, 최소한 자이바쯔들 사이에 여전히 (때로는 치열한) 경쟁이 남아 있었다. 정치계에서 자이바쯔들은 각자 다른 여러 정당과 제휴했고 일본 육군, 그리고 해군과도 관계를 맺었다. 여러 가지 면에서 비교할 때 일본의 자이바쯔에는 미국과 유럽의 기업들에 허용되었던 정도를 넘어선 수준까지 일본의 경제력이 집중되었다고 할 수 있다.

20세기 중반에는 스미토모, 미쓰이, 미쓰비시, 야스다 등 4대 자이바쯔가 일본 경제를 지배했고 종합해서는 가장 큰 자이바쯔 열 개가 경제의 대부분을 차지했다. 미국, 유럽과 달리 일본의 자이바쯔는 금융기관도 운영했다. 신용 분야를 연합하여 지배했고, 그 힘을 이용해 업계에 진입하려는 도전자가 도저히 넘을 수 없는 장벽을 만들었다. 자금을 조성하기 위해 몇 가지 사회공중주public shares(사회공중이 법에 따라 보유하고 있는 자산 – 옮긴이)가 발행되기는 했지만 제2차 세계대전 이전 자이바쯔 소유권의 대부분은 단연코 가족 지배 체제가 보유하고 있었고, 이들이 행사하는 의사 결정권은 압도적이었다. 한국외국어대학교의 남궁영 교수는 '자이바쯔가 활용한 기술과 비즈니스의 형태는 현대적이었지만 사람과 사람 사이의 관계, 회사 간 관계의 실체는 본질적으로 전통적인 일본의 서열 가족주의와 똑같았다'[16]고 말했다.

빅니스

그런데 지금 우리가 새겨야 할 가장 중요한 교훈은 일본 기업들의 힘이 단순히 경제 영역을 넘어 정치계와 민간 정부에 어느 정도까지 자유롭게 영향을 미쳤는가 하는 것이다. 자이바쯔가 미친 영향력을 살펴보자면, 미쓰이와 미쓰비시 자이바쯔는 각기 후원하는 정당이 있었다. 그들은 입헌정우회Rikken Minseito와 입헌민주당Rikken Seiyukai이었는데, 바로 그 두 당이 대체로 번갈아가며 각각 총리를 필두로 정부를 구성했다. 이것이 자이바쯔가 전전 일본을 지배했다고 암시하는 것은 아니다. 그보다는 거대 기업 집단이 문민정부와 매우 가까운 사이였다는 뜻이다. 남궁영 교수는 '제2차 세계대전이 발발하기 전 일본 정부와 재계의 관계를 현대 서구 사회의 공적 영역과 민간 영역의 틀에서 이해할 수는 없다. 전전 일본의 정치계와 경제계 지도자들을 철학적으로나 이념적 맥락에서 구분할 수 있는 선은 존재하지 않았다'[17]고 말한다.

그렇다고 자이바쯔의 힘이 무소불능이었다고 암시하는 것은 결코 아니다. 전전 일본 내 권력의 균형 관계에 대해 알려면 제국 육군과 해군, 천황과 그의 관료들을 포함해 정부를 구성하는 다른 여러 부문의 독립성과 힘을 이해해야 한다. 핵심은 자이바쯔가 일찌감치 정부의 중요한 일부분이었고 독점 수익에 대한 자이바쯔의 이해관계와 욕구가 일본의 이익을 추동하는 거대한 힘 안에 포함되어 있었다는 것이다.

일본은 독일과 달리 독점화나 카르텔화를 선호하는 진보 이념을 대놓고 채택하지 않았다. 자이바쯔(그리고 모든 사람)의 의무는 일본 제국의 위대함과 힘을 극대화시키는 작업이니 모두가 이것을 받아들이게 만든 것, 이것이 전전 일본을 지배한 강력한 이념이었다고 하는 편이 더 정확할 것이다.

자이바쯔 중에서 가장 강력했던 미쓰비시의 회장은 1920년 대를 다음과 같이 그렸다.

'우리 기업들은 물질적 목적을 추구하면서 동시에 영적인 목표를 이루기 위해 노력해야 한다는 사실을 결코 망각해서는 안 된다. …… 생산의 증가 혹은 감소는 국가의 번영 또는 쇠퇴와 긴밀하게 연결되어 있고, 일본 사회의 문화적 진보와도 밀접한 관계가 있다. 따라서 우리 기업들이 무엇보다 국가를 먼저 섬기는 것이 관리에서 가장 중요한 목적이 되어야 한다. 우리가 가진 모든 힘을 써서 이 궁극의 목적을 이루는 것이 우리의 이상이다.'[18]

돌이켜볼 때 전전 일본에 관한 또 다른 놀라운 사실은 재계와 정부의 결합을 견제할 강력한 공적 세력이 거의 없었다는 것이다. 반독점 운동이나 강력한 노조, 막강한 중산층 또는 중소기업들의 저항이 있었다면 견제 세력으로 작용할 수 있었을 것이다. 미국의 경제학자 코윈 에드워즈Corwin Edwards에 의하면 자이바쯔가 주도한 경제는 '고용주와 고용인 사이에 준봉건적 관계를 만들어냈고, 임금을 제한하고 노동조합의 발전을 봉쇄함으로써 일본의 공격성이 무르익는 조건을 만들었다'. 수십 년간 기업 집단(자이바쯔)은 '일본 중산층의 발흥을 지연시켰다'. 에드워즈는 중산층은 '인본주의 정서'를 만들어내고 '군국주의를 견제하는 균형추' 역할에 필수적이라고 믿었다.[19]

권력의 분산은 언제나 그렇듯 육군과 해군이 분리 독립되면서 이루어졌는데, 이는 시사하는 바가 있다.

일본의 시스템이 독특하기는 했지만 결국에는 극우민족주의로 추락했고, 이후에는 익히 알려진 시나리오를 따랐다. 1930년대 초 경제적 곤궁함을 겪는 중 매우 과격하고 위험한 일본의 군부 지도자들은 자이바쯔가 국가의 문제라고 비난하며 군사국가에 충성을 서약하고 명령에 복종하라고 목소리를 높였다. 그와 동시에 군부는 정복 사업을 위한 새로운 시장을 개방했는데, 자이바쯔가 제국주의 국가에 반드시 필요한 협력자가 되었다. 독일에서처럼 일본의 자이바쯔도 훗날 자신들은 불가항력적 상황에서 강압에 의한 희생자였다고 주장했지만, 자이바쯔의 구조는 일본이 전쟁에 기울인 노력에 없어서는 안 되는 필수 요소였다.

자이바쯔 중에서 좀 더 평화로운 방식으로 해외시장 정복을 선호한 곳이 있지 않았을까 생각할 수 있다. 그런데 사실 가장 공격적으로 해외 확장을 진두지휘한 것은 문민정부가 아닌 제국 육해군이었다. 그러나 일본이 동아시아의 많은 지역을 병합하고 식민지화하는 과정에서 자이바쯔가 상당한 이득을 보았다는 점을 부인하기도 힘들다. 코원 에드워즈가 이끈 연구의 결론은 다음과 같다. 자이바쯔는 '전쟁에 주요 책임이 있는 그룹 중 하나였고…… 일본의 잠재 전력戰力의 주요 요소였다'.[20]

지구 정복을 꿈꾸는 국가 대표 기업들

일본과 독일은 경제 공황 이후 벌어지는 기업 합병과 통합의 위험성 문제에서 의미심장한 교훈을 남겼다. 하지만 그게 전부는 아니다. 만약 지금 이 시대에 폭스바겐, 피아트, 제너럴모터스, 포드, 도요타, 그리고 다른 주요 자동차 제조업체들이 서로 다른 나라에서는 활동하지 않기로 합의한다고 가정해보자. 그러면 미국에는 제너럴모터스와 포드, 이탈리아에는 피아트, 일본에는 도요타와 혼다 등만 활동할 것이다.

그 세상은 분명 우리가 살고 있는 세상과 다른 모습일 테고,

그것이 더 많은 위험을 만들어내는 것을 우리는 목격하게 될 것이다. 그런데 그런 일이 1920년대와 1930년대에 걸쳐 국제 카르텔화로 인해 실제로 발생했다. 지배적 기업들 또는 카르텔들이 이룬 합의에 근거해, 그리고 때로는 감독 기관의 지원에 힘입어 민간 영역의 경제 질서가 국제 카르텔들이 쳐놓은 거대한 그물망에 의해 정립된 것이다. 오늘날 전 지구적 차원으로 활동하는 다국적 기업들이 이렇게 위험한 상태를 사실상 똑같이 복제하고 있는 건 아닌지 면밀히 감시하고 관찰해야 한다.

앞서 언급했듯이, 일반적으로 국제 카르텔들이 합의하는 내용은 그저 다른 카르텔의 영역을 침범하지 않는 것이다. 좀 더 발달된 카르텔들은 세계시장을 더욱 완전하게 분할하거나 일종의 국제기관이 집행하는 방식을 이용해 생산 또는 가격 책정을 지시한다. 가장 발달한 카르텔들은 진정한 국제적 독점기업이 되었는데, 이들이 바로 우리 시대의 전 지구적 독점기업들의 전신이다.

국제 카르텔에는 몇 가지 형태가 있다. 이들은 때로 '카르텔들의 카르텔'이 된다. 예를 들어 국제철도회사연합International Railmakers' Association, IRMA같이 독일과 영국의 동업자 단체 사이의 협정이 있다. 또한 국제 레이온(인공 실크) 산업처럼 독점기업이나 주요 국가의 지배적 기업이 협정(거대 기업들 간의 협정)을 맺는 경우도 있다. 자원 산업에서는 일반적으로 국제 카르텔이 주석이나 원유 같은 원자재의 가격을 일정 수준을 유지하도록 조절한다.

이런 카르텔들이 미치는 가장 중요한 영향은 자동차 산업의 예시에서 알 수 있듯, 수입으로 인한 경쟁이 촉진시키는 제품의 가격과 품질에 미치는 효과를 제한하는 것이다. 1930년대 초의 보호무역주의가 세계적 공황을 악화시켰다는 비난을 종종 받는데, 어떤 면에서는 국제 카르텔화도 같은 영향을 미쳤다는 점을 알아둘 필요가 있다. 국제 카르텔화는 사실상 관세가 아니라 전면적인 무역 장벽으로 작용했다.

전쟁이 끝난 뒤 국제 카르텔들은 광범위한 비난을 받았고, 때로는 매우 심한 욕을 먹었다. 1944년 미국 상원이 발표한 보고서에 따르면 '1920년대 말부터 1930년대 초에 카르텔의 급속한 성장과 세계 대공황이 함께 발생했고, 이는 나치의 전체주의 채택으로 이어졌다'.[21] 미국의 잡지 〈뉴리퍼블릭〉은 카르텔을 '세계기업Corporate International', '국경을 넘나들며 전 세계로 발을 뻗는 문어'[22]라고 매도했다. 이런 주장의 토대가 되는 이론은 전쟁 전 연합국들이 군대를 강화할 능력을 약화시키기 위해 독일이 의도적으로 국제 카르텔에 영향력을 행사했다는 것이다.

교역으로 맺은 유대 관계는 국가 간의 경제적 상호 의존성을 환기시키므로 전쟁을 방지하는 데 도움이 된다는 의견이 있다. 이 말이 사실이든 아니든 간에 오늘날 각국의 주요 기업을 조정하는 국제 독점기업들이 비슷한 문제를 일으키고, 대중에 영합하는 국수주의적 운동의 분노를 촉발시키며, 다시 한 번 세계의 안전을 위협하지는 않는지 면밀히 살펴보는 것이 매우 중요하다.

확실히 1920년대와 1930년대의 경제구조는 전 세계적으로 위험한 정부들이 출현하는 데 기여했다. 그와 함께 거대 민간 기업의 증가는 미국과 유럽에서 지식인들과 대중이 그에 대응하는 방식을 발전시켰고, 그로 인해 강력한 반독점 전통이 탄생했다. 오늘날 우리는 이 반독점의 전통을 다시 배워야 한다.

3

반독점이 만들어낸 역사

이 책이 지향하는 목표는 민주주의와 개인의 자유를 위협하는 과도한 사적 권력을 해체하고자 하는 전통을 복원하는 것이다. 그런데 이 전통은 어떤 것일까? 그리고 이 전통의 주창자들은 누구인가?

20세기 경제학의 역사는 종종 (마르크스, 레닌, 그리고 마오쩌둥으로 대변되는) 공산주의, (무솔리니, 프랑코, 히틀러의) 파시즘이라는 새로운 이념, 그리고 그보다 약간 오래된 자본주의적 민주주의의 치열한 투쟁으로 묘사된다.

하지만 같은 시기에 다른 이야기도 있다. 바로 독점과 중앙계획이 벌인 전쟁이다. 이 전쟁은 독점화를 지지하고 수용하는 세력과 그에 맞서 싸우고, 독점을 해체·지연시키거나 경제 내에서 집중된 힘이나 권력을 분산시키고 그 상태를 유지하고자 하는 이들 사이에서 벌어졌다. 이 관점에서 보면 역사가 다르게 보인다. 공산주의자와 파시스트들, 그리고 극단적 자본주의자들 모두 독점 구조를 선호하고 경쟁보다는 계획경제를 지지했다. 이들 모두 독점 형태가 이길 거라고 믿었고, 강자가 약자를 지배하는 것을 자연스러운 승리로 여겼다. 록펠러와 J. P. 모건 같은 자본주의자들은 경쟁은 케케묵은 개념이라고 선언했으며, 블라디미르 레닌의 중앙집중식 경제정책은 독점 산업을 모방한 것이었다.

이런 세력에 대한 저항은 각기 다른 여러 곳에서 비롯되었다. 이 전통은 오랫동안 과도하게 몸집이 불어나는 것을 견제하면서 한편으로는 개인의 자유를 존중하는 동시에 사적 권력을 제어하는 연결 상태를 유지했다. 우리는 여기서 고삐 풀린 자본주의와 완전한 사회주의 사이에서 중도의 길을 추구하고 경제력을 민주적으로 배분해 경제를 보존하고자 한 시도에 대해 깊이 있게 알아볼 것이다.

지금부터 할 이야기는 아주 오래전으로 거슬러 올라간다. 잉글랜드 여왕의 경제적 독재 행위, 좀 더 구체적으로 표현하면 여왕이 자신의 신하에게 카드의 수입과 판매 독점권을 주면서 벌어진 사건과 그에 대항한 이야기다.

모든 독점을 금지하라

잉글랜드를 1558년부터 1603년까지 통치한 엘리자베스 1세는 보통 개인적인 괴짜 성향과 재위 기간이 길었던 군주로 기억되는 경우가 많다. 그런데 엘리자베스 1세는 탁월한 독점주의자이기도 했다. 이런 성향이 반독점 전통에서는 의도하지 않은 영감의 대상이 되기도 한다.

치세 말기인 16세기 말, 여왕은 왕실 독점the Crown monopoly으로 알려진 왕실의 특권을 남용하기 시작했다. 독점권 승인은 원래 왕실이 (오늘날의 특허처럼) 발명과 산업을 권장할 목적으로 이용했는데, 엘리자베스 여왕은 좀 더 자의적으로 자신의 친구 혹은 정치적 후원자에게 왕실이 내리는 특혜의 수단으로 사용했다. 여왕에 의해 생긴 독점권자들은 소금 판매 같은 필수 산업을 포함해 잉글랜드 경제에 광범위하게 포진했다. 19세기 미국의 법학자는 다음과 같이 말했다.

'엘리자베스는 그들(독점권자)에게 아낌없이, 후하게 주었다. …… 모든 무역과 상업은 해외, 국내 가릴 것 없이 독점권자들의 손아귀에 들어갔다. 부자연스러운 제약과 어처구니없는 상황 속에서 산업과 예술계 모두 약화되었다.'[1]

여왕의 독점권 승인에 상인과 대중은 당연히 분노했고 법원에 불만을 제기했다. 1598년 여왕이 자신의 궁정 귀족 에드워드 다시Edward Darcy에게 카드의 수입과 판매 독점권을 준 일로 인해 소송이 제기되었는데, 이것은 향후 중요한 판례로 남았다. 중세의 상인과 수공업자 조합인 한 길드 워십풀 컴퍼니 오브 하버대셔스Worshipful Company of Haberdashers의 회원 토머스 알린Thomas Allin은 자신의 카드를 판매하는 방식으로 법에 이의를 제기하기로 결심했다. 이로 인해 그 유명한 독점법 재판Case of Monopolies인 '다시 대 알린Darcy vs. Allin' 재판이 열렸고, 잉글랜드 법원은 여왕이 승인한 독점권이 '관습법을 어겼으므로 완전히 무효'라고 선언했다.[2] (다만 여왕의 명예를 지켜주기 위해 법원은 여왕이 속아서 독점권을 승인했다고 말했다.) 폭동에 직면한 엘리자베스 여왕은 가장 구속이 심한 몇 개의 독점권을 철회하는 데 동의했다.

판결이 내려지고 중요한 원칙이 선포되기는 했지만 엘리자베스 여왕을 계승한 제임스 1세 또한 독점권을 주는 습관에 탐닉했고 '다시 대 알린' 판결은 이를 제지하지 못했다. 1624년 의회는 '독점 법령Statute of Monopolies'을 제정했다. 이 법령은 '모든 독점은…… 전적으로 이 왕국의 법에 반反하므로 완전히 무효하며 전혀 효과를 발하지 못한다. 그러므로 결코 사용되거나 실행되지 않아야 한다'[3]고 선언하며 강력하게 독점을 금지했다. 이 법이 미국의 셔먼법Sherman Act, 유럽연합의 경쟁법, 그리고 100개 이상 국가의 관련법을 포함해 모든 반독점법의 조상이다.

'독점 법령'은 반독점의 대의가 지닌 정치적 효능을 입증했다. 제임스 1세가 죽고 뒤를 이은 찰스 1세 역시 의회의 독점 금지를 어겼다. 그는 국가의 독점사업을 하사하거나 자금을 조성하기 위해 때로는 왕실 독점권을 판매했다. 대중은 왕의 이런 행위와 다른 의회법의 남용에 분노했다. 결국 찰스는 퇴위된 후 처형되었다. 헤르만 레비는 '찰스 1세의 치세 동안 독점에 저항한 치열한 전투는 잉글랜드의 경제 심리에 제거할 수 없는 흔적을 남겼다'[4]라고 썼다. 또한 반독점 정서는 '이에 열광하는 사람들의 입을 통해, 그리고 애덤 스미스Adam Smith와 데이비드 리카도David Ricardo 같은 학자들의 저술을 통해 후세에 전달되면서 오랜 세월 영국의 경제학자들에게 영향을 미쳤다'.[5]

영국(잉글랜드)에서 시작된 반독점법은 몇 가지 중요한 교훈을 준다. 먼저 독점에 대한 저항은 대중과 지식인들이 항거할 여지를 주는 문화에 기반한다는 것을 보여주었다. 새로운 영국의 법은 목소리를 높여 항의하는 상인 계층에 의해 주도되었다. 이들은 사업을 할 자연권을 지키려 애썼고, 이후 경제적 자유라고 불린 권리를 보호하려 했다. 이는 훗날 미국 독립혁명을 시작한 영국인들에게 영감을 불어넣은 정서와 비슷했다.

두 번째 교훈은 힘을 분산하는 것의 중요성을 환기시켰다는 것이다. 대부분의 군주가 거의 절대 권력을 행사하던 16세기에 잉글랜드의 권력은 군주와 귀족(상원), 관습법 법원과 의회로 분산되어 있었다. 이렇게 되자 법원이 개입할 여지가 생겼고 나중에 의회도 행동을 할 수 있었다. 그리고 내가 이 책을 통해 계속해서 주장하듯, 저항할 창구가 있다는 것이 무엇보다 중요할 수 있다.

시작은 영국인들이 했지만 반독점의 전통과 아이디어는 곧 널리, 특히 아메리카 식민지로 퍼져나갔다. 모두가 기억하지 못하는 것은 찰스 1세에 저항한 봉기, 그리고 왕실이 독점권을 남용한 것이 미국 독립혁명의 불을 댕기는 중요한 전조 중 하나였다는 사실이다.

독립혁명을 촉발하다

1773년 12월 16일 밤, 도끼로 무장한 60여 명의 남자들이 보스턴 항구에 모여 세 척의 배에 오를 준비를 하고 있었다. 그들은 필요하면 완력을 행사할 생각이었다. 다트머스Dartmouth 호, 엘리노어Eleanor 호, 그리고 비버Beaver 호는 이미 대치 상태였다.

배에 실린 값비싼 화물이 내려지는 것을 막기 위해 무장한 사람들이 2주 이상 밤낮으로 경비를 서고 있었다. 이들은 소책자를 통해 '파괴의 시간, 압제의 술책에 남자답게 저항하는 시간이 당신을 정면으로 응시하고 있다'고 선언한 상태였다.[6]

이 논란의 원인, 그리고 서로 폭력을 행사하겠다는 위협은 차茶 독점권 때문에 발생했다. 좀 더 정확히 표현하면, 1773년에 제정된 다세법Tea Act에 의거하여 영국 동인도회사가 소유한 첫 번째 선적분의 차를 둘러싸고 대치하는 상황이었다. 영국왕은 아메리카 식민지로의 차 수출과 판매에 대한 사실상의 독점권을 동인도회사에 주었는데, 이것이 이후 역사를 바꾼 미국 내 독점 반대 운동을 촉발했다.

같은 날, 사건이 일어나기 전 지역 상인들과 활동가들이 매사추세츠 주지사 앞에 나타났는데 그것이 처음은 아니었다. 이들은 배를 영국으로 돌려보내라고 요구했다. 뉴욕과 필라델피아에서는 폭동을 두려워한 주지사가 비슷한 배들을 영국으로 돌려보냈다. 하지만 매사추세츠 주지사인 토머스 허친슨Thomas Hutchinson은 왕에 대한 의무를 다해야 한다면서 하역 작업을 허가했다.[7] 그는 화를 내며 다음 날 배에서 화물을 내릴 것이며, 필요하다면 영국 전함의 도움을 받을 것이라고 선언했다.

이는 군중이 실력 행사를 하도록 도발한 것이었다. 모호크족

원주민처럼 차려입은 한 시위자를 보고 영감을 얻은 몇몇 사람은 변장을 했다. 그중 한 명인 조지 R. T. 휴이스George R. T. Hewes는 다음과 같이 회고했다.

'나는 즉시 인디언 복장으로 갈아입고 친구와 함께 토마호크라고 이름 붙인 작은 손도끼도 준비했다. …… 이렇게 변장을 하고 거리로 처음 나갔을 때 나처럼 변장을 하고 준비한 수많은 사람들을 만났다. 우리는 열을 맞춰 행진하며 목적지로 향했다.'[8]

이렇게 원주민 복장을 차려입고 무장한 남자들이 일제히 배에 올랐다. 그리고 협동작전을 펼쳐 짐 보관 창고의 열쇠를 요구해 차 상자를 꺼냈다. 그들은 도끼로 상자를 부순 다음 배 밖으로 던져버렸다. 다른 폭력 사태는 벌어지지 않았고, 배를 파손하지도 않았다. 다만 그날 밤까지 이들은 342개의 차 상자를 바다에 던져버렸다. 그중 몇 개는 다음 날까지 항구 인근 바다를 떠다녔다.

'시민과 선원들은 여러 대의 보트에 나눠 타고 그곳으로 다가가 노를 이용해 물에 떠 있는 차 상자를 두들겨 완전히 젖어버리게 만들었다. 그들은 그렇게 차를 완전히 파괴해버렸다.'[9]

이 사건이 보여주듯, 미국의 반독점 운동은 역사상 가장 극렬한 행위였고 실행 당시에도 가장 강력한 조치였다. 이 '보스턴 차 사건Boston Tea Party' 때문에 영국은 보스턴에 가혹한 조치를 취했고, 그로 인해 결국 미국 독립혁명이 촉발되었다.

좀 더 포괄적인 측면에서 볼 때 영국 왕실의 독점권 오용은 반독점 정신을 낳았고 토머스 제퍼슨Thomas Jefferson, 제임스 매디슨James Madison 등을 포함한 미국 건국 세대에 깊이 각인되었다. 이들은 독점은 일종의 권력 남용이고 자유에 반反하며, 인간의 천부인권을 위반하는 것이라고 믿었다. 제퍼슨은 헌법에 독점 금지 조항이 구체적으로 포함되어야 한다고 생각했다.[10] 그는 다음과 같은 내용의 권리선언을 요구했다.

'종교의 자유, 언론의 자유, 독점에 대항하는 통상의 자유, 모든 사건의 배심원에 의한 공판, 인신보호영장이 유예되지 않고, 상비군을 두지 않음을 명기한다.'[11]

미국 독립혁명 지도자들은 처음에 영국과 똑같은 독점에 반대했다. 즉 정부가 부여하는 독점권은 오직 특권층에 이익을 주려는 목적 외에 다른 동기가 없으므로 부당하다고 반대했다. 하지만 19세기 말 미국인들은 순수하게 사적인 독점, 좀 더 정확하게 표현해 남북전쟁 이후 대호황 시대(도금시대鍍金時代)의 '트러스트' 기업들을 해체하기 위해 고안된 첫 번째 법률을 통과시킴으로써 영국인들보다 한 발 더 나아갔다. 그리고 그것이 미국의 반독점 운동을 낳았다. 이 전통의 시작을 특정 인물의 공으로만 돌릴 수는 없지만, 이 아이디어를 창안해낸 사람들

중 핵심 인물에 대해서는 알아볼 필요가 있다. 그는 바로 명망 높은 법학자이자 활동가였던 루이스 브랜다이스다.

브랜다이스는 무엇을 원했을까?

루이스 브랜다이스는 1856년 켄터키 주 루이빌에서 프라하 출신인 사업가의 아들로 태어났다.[12] 대부분의 사람이 그렇듯, 브랜다이스에게 특히 주목할 만한 부분은 유년 시절의 경험이 그의 사고에 중대한 영향을 미쳤다는 점이다. 브랜다이스는 어린 시절의 경험에서 '경제 민주화'가 어떤 것인지에 대해 잊을 수 없는 기억을 갖게 되었다.

브랜다이스가 어릴 때 켄터키 주 루이빌은 세계적인 주요 도시가 아니었고, 특별히 내세울 만한 기업이 있는 곳도 아니었다. 하지만 오늘날보다 훨씬 더 경제적으로 지역 분산이 이루어진 때여서 번창하는 지역 경제의 중심지였다. 경제적 측면에서 말하자면, 소수의 큰 회사가 아닌 다수의 소규모 회사가 루이빌을 장악하고 있었다. 이민자로 농부였다가 곡물상이 된 브랜다이스의 아버지는 루이빌에서 윤리적으로 장사를 하면서 안락하고 존중받는 중산층 집안을 일구어냈다. 브랜다이스의 아버지는 '현명하고 신실한 사업가로서 최고의 명성과 영원히 남을 이름을 유산으로 남겼다'고 평가받는다.

국가는 여전히 농경 노예제도의 저주에 고통받으며 신음하고 있었지만 루이빌은 최소한 브랜다이스에게는 '경제 민주화'를 대변하는 '목가적' 장소였다. 산업의 자유가 있고, 경쟁이 이루어지면서도 모두를 위한 성과물이 적절히 산출되는 경제가 돌아가는 곳이었다는 의미다. 브랜다이스의 전기를 집필한 작가 멜빈 우로프스키Melvin Urofsky는 다음과 같이 썼다.

'(브랜다이스가 젊었던 시절에) 루이빌은 본질적으로 민주적인 사회 같았다. 개인은 자신의 지성과 끈기를 이용해 성공할 수 있었다. 수천 명을 고용하는 대규모 공장은 없고 농장, 가게, 전문직 종사자의 사무소같이 작은 규모로 노력하는 사람이 많았다. 그들은 서로 알고 지냈으며 그들의 삶은 강한 공동체 의식으로 묶여 있었다.'[13]

고등학교를 졸업한 뒤 브랜다이스는 독일의 드레스덴으로 가서 안넨 레알슐레Annen-Realschule에서 공부했다. 그리고 다시 보스턴으로 돌아와 하버드 대학 법학대학원에 진학해 매우 우수한 성적을 받으며 학업에 매진했고, 카누 타기와 승마를 즐겼다.[14] 브랜다이스는 보스턴에서 일을 시작하기로 결심한 후 탁월한 성과를 내며 법조계 경력을 쌓아나갔다. 주변에서 일어나는 일에 분노하여 정치에 관여하지 않았다면 그는 매우 평탄하고 고요하게 살아갈 수도 있었다.

브랜다이스가 40대에 접어든 1890년대의 미국 경제는 '독점 지향'의 대대적인 변화를 겪고 있었다. 새로운 형태의 기업인 트러스트가 출현해 미국 경제를 장악했다. 그중 가장 잘 알려진 스탠더드오일은 1870년대에 정유 산업계를 독점했고 합법적 기관 형태인 '트러스트'를 만들어냈다. 하지만 이는 점점 더 확장되어가는 흐름의 일부일 뿐이었다. 1897년부터 1904년까지 대략 4,227개의 제조업체가 합병되어 257개사가 남았다.[15] 220개 이상의 강철 회사가 합병되어 스탠더드오일보다 큰 U. S. 스틸이 만들어졌다. 담배 트러스트, 고무 트러스트, 못 트러스트, 필름 트러스트 등 모든 산업에서 독점기업이 출현했다.

트러스트 기업들이 작은 회사와 독립 기업체를 인수하고 해체시켜버리며 미국 경제를 휩쓰는 와중에 브랜다이스도 이를 직접 경험하게 되었다. 브랜다이스의 아버지를 포함해 수많은 의뢰인들, 그와 개인적인 관계를 맺고 있는 작은 기업을 운영하는 이들이 이 경제 변형의 목표물이 된 것이다. 매우 극단적인 경우 산업적 우생학 운동이라도 실행하는 듯 작은 기업이나 전통적인 업체는 경제에서 살아남기에 적합하지 않은 존재로 보는 시선도 있었다. 이런 트러스트 움직임에 저항하면서 브랜다이스는 자신의 정체성을 획득했고 이제는 그가 남긴 유산이 된 원칙을 만들었다.

브랜다이스의 생각은 J. P. 모건 철도 제국의 자본출자자와 분쟁을 겪으며 확고해졌다. 모건의 수많은 독점화 프로젝트 중에는 노스이스턴Northeastern 철도와 페리 수송을 하나로 묶어 거대 독점기업 뉴헤이븐 철도New Haven Railroad를 만들려는 계획이 있었다. 모건은 보스턴의 지역 철도인 보스턴 앤드 메인Boston and Maine을 포함해 336개사를 통합해 새로운 시스템을 구축하려 했다.[16] 이에 분노한 브랜다이스는 독점 반대 공공 캠페인의 진두지휘자가 되었다.

원래 브랜다이스는 기업 변호사였고 기업의 사회적 역할을 긍정하는 편이었다. 사실 그는 유기적으로 성장해 고객과 파트너의 사랑을 받으며 품위를 지키는 운영 방식, 바로 그의 아버지가 제공한 모델을 구축한 좋은 기업을 즐겨 칭찬했다.[17] 그런데 모건, 그리고 뉴헤이븐 철도와 싸우면서 브랜다이스는 새롭게 출현한 독점기업을 불신을 넘어 혐오하기에 이르렀다. 그가 직접 조사한 바에 따르면 뉴헤이븐 철도는 앞에서는 정감 있는 농담을 해가며 거창한 약속을 했지만 실은 투자자에게 거짓말을 하고, 정치가와 교수에게는 뇌물을 주고 반대자를 매수해 독점기업을 만들고 있었다. 이후 브랜다이스는 사적으로 다음과 같은 견해를 밝혔다.

'목적이 무엇이든 거짓말을 하고 뒤통수를 치는 것은 나쁘다. 나는 범죄를 징벌하는 데는 관심이 없지만, 기준은 반드시 지켜야 한다고 생각한다.'[18]

시간이 지나면서 브랜다이스는 그가 '과도한 기업집중'이라고 부르는 악悪을 뉴헤이븐 철도가 대표한다고 믿게 되었다. 뉴헤이븐 철도가 다른 회사를 망하게 하고, 노동자를 착취하며, 투자자에게 사기를 치고, 사실상 규모로 인한 막대한 비효율성을 감추면서 오로지 은행과 투기꾼의 이익 창출을 위해 봉사하는 것을 보았기 때문이다. 브랜다이스는 '거대함의 사악성은 독점의 사악함과는 다르면서 그 사악함과 그보다 더한 사악함을 가지고 있다. 어떤 기업은 규모가 너무 커서 독점기업이 되지 않고는 효율적이지 못할 수 있다. 그리고 그 기업이 독점기업이지만, 규모 측면에서 볼 때 효율성의 한계 내에 처할 수 있다. 유감스럽게도 뉴헤이븐의 시스템은 너무 큰 덩치 때문에, 그리고 독점기업이라 이중으로 문제를 가지고 있다'[19]고 말했다.

브랜다이스는 기업이 덩치가 커지고 강력해지면서 그 기업의 통제 자체가 불가능해지고, 인류가 원하고 두려워하는 것에 점점 더 둔감해진다는 점을 우려하게 되었다. 1911년 그는 다음과 같이 말했다.

'지난 20년간의 경험을 토대로 우리는 두 가지를 말할 수 있는 위치가 되었다. 첫째, 어떤 기업이 너무 커서 생산과 분배를 가장 효율적으로 해나가기 어려운 지경에 이를 수 있다. 둘째, 그 기업이 최고로 경제적인 효율성을 내는 지점을 지났건 지나지 않았건 간에 자유롭기를 원하는 사람들이 받아들이기에 너무 비대할 수 있다.'[20]

앞에 나온 인용이 시사하듯, 브랜다이스의 사상에서 특별한 점은 민주주의의 조건, 그리고 인간 존재의 목적에 경제구조를 연결시켰다는 것이다. 산업화가 이루어지기 전의 루이빌이 브랜다이스가 생각하는 민주주의와 경제의 모습을 대변한다면, 그는 민주적 경제는 무엇을 위한 것인가에 대해 확실하고 분명한 이상을 가지고 있었다고 할 수 있다.

브랜다이스에게 삶의 목적은 개성과 자아를 계발하는 것이었다. 그는 민주주의의 '이상'은 '개인 자신의 발전, 그리고 공공선을 위한 발전'이 되어야 한다고 말한 바 있다.[21] 브랜다이스는 동시대를 살아간 철학자 빌헬름 폰 훔볼트 Wilhelm von Humboldt 가 '인간의 목적 혹은 영원하고 불변하는 이성의 명령으로 규정된 목적은…… 인간이 그의 힘을 완전하고 지속적인 전체에 맞춰 가장 고양되고 조화롭게 발전시키는 것이다'[22]라고 말한 것과 같은 입장을 견지했다.

이런 견해는 국가와 법이 어떤 모습이어야 하는지를 강력하게 암시한다. 가치 있는 국가는 개인의 인격과 자기계발을 위한 가마솥 역할을 한다. 가치 있는 국가는 '우리 개개인이 발전을 꾀하게 만든다.'[23] 중요한 점은 브랜다이스가 그런 개인의 발전과 성장이 저절로 이루어진다고 생각하지 않았다는 것이다. 그는 올바른 조건이 형성되어야 한다고 믿었다. 브랜다이스는 이렇게 말했다.

'우리 헌법이 보장하는 삶의 권리는 단순히 생존하는 것 이상의 살아갈 권리로 이해되어야 한다. 살기 위해 인간은 반드시 자신의 개성을 계발할 기회를 가져야 하며, 자연스럽고 건강하게 그 개성을 발전시킬 수 있는 조건에서 살아야 한다.'[24]

그러므로 좋은 나라, 좋은 경제는 모두가 충분한 자유를 누리고, 의미 있으며 충만한 삶을 살 수 있도록 적절한 지원을 한다. 브랜다이스는 미국 건국의 아버지들이 이 점을 이해하고 있었다고 생각했다.

'건국의 아버지들은 목적이자 수단으로서 자유의 가치를 인정했다. 또한 자유가 행복의 열쇠이며 용기는 자유의 비결이라고 믿었다.'[25]

따라서 가치 있는 나라는 공적이건 사적이건 간에 개인의 성장과 삶의 기회를 억압하는 그 어떤 세력으로부터도 사람들을 보호해야 한다. 정부의 검열과 압력도 예외일 수 없다. 표현의 자유, 자유로운 교제와 연합, 그리고 그 외의 자유가 무엇보다 중요하다. 또한 산업의 지배와 착취, 경제적 불안정으로 인한 실업과 빈곤에 대한 두려움으로부터 자유로워야 한다. 브랜다이스는 이렇게 말했다.

'산업 활동에서 다른 사람의 자의적 의지에 의존할 수밖에 없다면 그 사람은 자유롭지 못하다.'[26]

경제적 안정은 개인이 진정한 의미에서 자유로울 수 있는 토대다. 따라서 안정적이되 강제적이지 않은 일, 교육, 여가를 누릴 시간과 장소, 공원, 도서관 등과 같은 기관들이 중요하다.

브랜다이스는 우리가 종종 간과하는 것에 주목했다. 자유에 대해 추상적으로 이야기하는데, 대부분의 사람들에게 있어 자율성에 더 큰 영향을 미치는 것은 정부가 아닌 사적 권력과 경제구조라고 본다. 대다수는 아니라도 많은 사람들의 경우 노동조건이 삶의 많은 부분을 결정한다. 노동시간, 해고 위협, 직장 상사의 학대나 착취 같은 기본적인 문제들이 삶의 큰 부분을 차지한다. 또한 개인의 안전이라든지 화장실을 사용할 수 있는지와 같이 보다 근본적인 요소가 삶을 결정하기도 한다. 일 외에도 우리의 일상은 주거 임대, 교통수단, 식료품점이나 병원

같은 곳에 대한 접근성에 따라 형성된다. 브랜다이스가 공적·사적인 압제로부터 벗어난 자유를 진정한 자유로 본 이유가 여기에 있다.

그는 거대 기업이 장악하는 경제는 비인간적인 경향을 띤다고 생각했다. 브랜다이스는 거대 기업에서 일하면서 미국 사람들의 인격이 박탈될 수 있다는 점을 우려했다.

'경쟁이 주는 압박보다 더욱 심각한 것은 산업의 자유와 사실상 인간성 자체에 가해지는 억압이다.'

브랜다이스는 변호사로 일하면서 수임한 사건들을 통해 스스로 원해서건 그렇지 않건 간에 과도하게 일하는 문화가 미국 사회에 점점 더 만연하는 것을 혐오하게 되었다. 또한 사람이 감내할 수 있는 한계를 넘어서까지 일을 시키는 큰 회사가 늘어나는 것이 더욱더 위협적이라고 보았다. 브랜다이스는 새로운 기업들의 열악한 조건과 긴 노동시간에 대하여 그것이 '삶을 비인간적으로 만들어 이전의 흑인 노예제도가 차라리 더 좋았다고 생각하게 만들 정도다'라고 쓰기도 했다.[27]

브랜다이스의 원칙은 어떻게 경제정책으로 표현되었을까? 그는 정부의 가장 중요한 역할은 인간의 자유를 보호하고 인간의 번영과 궤를 함께하는 안전을 제공하는 데 있다는 입장이었다. 이는 표현의 자유와 사생활에 대한 권리가 법에 의해 보호

되는 시민의 자유를 보장하는 책무를 의미했다. 또한 노동자를 보호하고 소규모 기업으로 구성된 개방형 경제를 지향하며 독점기업의 힘을 제한하거나 해체할 수단을 강구해야 한다는 의미이기도 했다.

긍정적 측면에서 브랜다이스는 삶을 살 만한 것으로 만들고, 좋은 품성을 키우며, 진정한 시민정신을 고양하는 공화국을 육성하는 조치를 주장했다. 양질의 공교육, 터무니없을 정도로 길지 않지만 꾸준한 노동시간, 노년층을 위한 연금, 그리고 여가를 즐기고 공부를 할 충분한 시간이 필요하다는 의미다. 브랜다이스는 아동노동의 금지와 최대 노동시간의 시행을 원했다.[28] 다시 말해 그는 시민이 단순히 생존하는 것이 아니라 커나가는 나라를 원했던 것이다.

솜씨 좋은 정원사가 필요하다

영미권 세상은 반독점 전통의 발상지다. 대륙의 반독점 전통은 영미권보다 나중에 형성되었지만 사적 권력과 국가의 관계를 이해하는 데는 여러 가지 면에서 한층 더 발전된 모습을 보였다.

우리는 앞서 독일이 제2차 세계대전 발발 전에 수십 년간 독점기업과 카르텔을 수용하고 환영했다는 점에 대해 살펴보았다. 독일에서는 특히 1930년대에 독점과 카르텔 현상이 극심했는데, 그에 대한 반동으로 질서자유주의라는 반독점 이념이 만들어졌다. 질서자유주의는 전후 유럽의 사상을 변화시켰다.

1930년대와 1940년대에 독일의 사상가들은 시장이 카르텔화되고 독점기업으로 채워지는 양상을 보면서 '보호받지 않은 자유는 스스로를 파괴한다'는 격언을 몸소 체험하게 된다. 또한 그들은 민주주의의 자유가 독재에 굴복하는 것을 목도했다. 히틀러가 벌인 전쟁을 겪으며 독일의 사상가들은 독점과 카르텔화로 세력을 집중한 소수의 사기업이 국가의 목적에 봉사하는 것의 위험성을 낱낱이 목격했다.

가장 왕성하게 활동하면서 거침없이 의견을 개진한 질서자유주의 이념의 주창자로 프란츠 뵘Franz Böhm과 발터 오이켄Walter Eucken을 들 수 있다. 두 사람 모두 프라이부르크 대학의 프라이부르크 경제학과 출신이다. 1895년 독일 남부에서 태어난 프란츠 뵘은 제1차 세계대전에 참전했고 1920년대에는 바이마르 공화국의 경제 부처에서 일을 시작했다. 1923년 새로운 카르텔법이 통과된 후에는 카르텔 부서에서 일했다. 1920년대에 독일 경제는 산업계 전반에 걸친 합병을 통해 완전히 독점 체제를 갖추기 시작했다. 독일의 '유나이티드 스틸' 같은 신디케이트가 이때 만들어졌다. 이 시기에 뵘은 사적 권력 자체와 그것이 사회를 부패시키는 효과에 대해 집착이라 여겨질 만큼 지속적인 관심을 두고 있었다.

1928년 뵘은 '사적 권력의 문제, 독점이라는 문제에 기여한 점'이라는 제목의 글을 발표했다. 이 글은 경제 관리는 본질적으로 사적 경제 권력을 관리하는 것이라는 기본 전제에서 출발한다. 뵘은 1930년대에 학계로 돌아갔고 오이켄을 비롯한 다른 학자들을 만났다. 1891년에 태어난 오이켄은 보수주의자이지만 드물게도 다른 독일 보수주의자들이 극단주의나 파시즘에 경도되었을 때 그에 가담하지 않고 반동적인 행보를 했다. 뵘과 오이켄은 나치의 경제 질서 발흥에 대응해 훗날 질서자유주의라고 불리는 사상의 기본 원칙을 세웠다.

1936년 뵘과 오이켄, 그리고 제3저자인 한스 그로스만 되르트Hans Großmann-Doerth는 「오르도 성명서Ordo Manifesto」를 발표했다. 원래 '우리의 임무Our Task'라는 제목을 달고 나온 중대한 이 글은 '상대주의'와 '운명론'에 빠져 압제적 경제구조를 수용한 독일의 경제학자, 법률가, 그리고 철학자를 공격적으로 비판했다. 오이켄 등은 독일의 지식인이 당시의 상황을 받아들여야 할 일, 사실상 축하해야 할 일로 여기는 오류를 범하며 그 어떤 규범적·비판적 관점도 내놓지 않았다며 맹비난했다. 그리하여 독일의 지식인이 기존 경제 세력의 명령을 무조건 따르는 꼭두각시가 되었다고 그들은 믿었다.

오이켄 등은 다음과 같이 썼다.

'운명론과 회의주의는 언제나 서로 밀착해 있다. 왜냐하면 그 두 가지는 맹렬하게 진행되는 사건과 맞붙거나 어떤 이상을 위해 일어서는 행위를 무의미하게 혹은 바보스럽게 보이도록 만들기 때문이다.'

이들은 독일의 지식인이 과거의 현상을 반드시 그래야 하는 것으로 혼동했다는 점에 대해 맹렬히 비난했다.

'역사주의 운명론의 진정한 모습은…… 나약함의 증표이다. 그들의 지성은 불안정하며 그들은 더 이상 일을 만들어나가는 책무에 걸맞은 힘이 없다. 결국 그들은 관찰자의 역할로 물러난다.'[29]

같은 글에서 질서자유주의자들은 '경제 헌법'의 중요성을 선언하는데, 이는 브랜다이스가 제시한 것과 비슷한 방법으로 인간의 자유와 경제정책을 연결하려는 의도를 보여준다. 질서자유주의는 전개되는 과정에서 '사회를 위한 인간적 질서'(오이켄의 표현)의 개발이라는 근본적인 질문에 초점을 맞추었다. 이 질서는 국가가 시장경제 또는 자유경제를 제거하려 들지 않으며 공적인 정부 권력과 집중된 사적 권력이라는 이중의 위협에 맞서 자유경제를 유지할 것을 요구했다.

1947년 프란츠 뵘은 상황을 다음과 같이 설명했다.

'정확하게 말해서 경쟁과 반트러스트법은 스스로 질서를 만들어나가는 (시장의) 힘을 동력으로 삼고 자유인들을 위해 자율성을 완전 상태로 확보하려는 것이기 때문에 근본적이고 숙명적인 문제다.'

뵘은 또한 사기업 집중 현상과 전쟁이 연결되어 있다는 명제도 되풀이했다.

'사적 시장 안에서 힘이 집중되면 언제나 전쟁이 일어날 잠재성을 만들어낼 것이다. 국가사회주의(나치), 사회주의, 공산주의 등 명령체계가 무엇이건 중요하지 않다. 핵심은 각각의 명령체계가 통상적인 수준에서 벗어나 광범위한 권력 기구를 가지고 있고, 그것이 중앙집권적으로 배치되고 아주 소수의 사람들에 의해 조종될 수 있다는 점이다. 그런 권력 기구의 힘이 행사되는 개별 지점들은 으레 독과점의 절차 속에 나뉘어 있어서 공공의 감시나 거부권의 힘이 닿지 않는다…….'[30]

국가의 역할에 대한 주장들을 이해하면 질서자유주의를 명확히 파악하는 데 도움이 될 것이다. 자유방임주의를 믿는 사람은 국가가 물러서기를 바라고 사회주의자와 파시스트는 국가가 지휘하는 경제를 추구한다면, 질서자유주의자들은 처음으로 '제3의 방식'을 요구한 사람들일 것이다. 그들은 국가가 사적 권력을 파괴하기에는 충분하면서 사회를 탈취할 정도는 아닌 만큼의 힘을 보유하길 바랐다. 또한 국가가 일정 수준의 경제적 안정을 보장하면서 대부분의 상품 공급은 시장의 과정에 맡기기를 원했다. 질서자유주의자는 종종 이상적인 국가를 솜씨 좋은 정원사에 비유했다. 솜씨 좋은 정원사처럼 과도한 성장을 차단함으로써 인간이 번영할 조건을 만들어내는 것이다.

자기주장을 펼치는 방식은 달랐을지 모르지만 브랜다이스와 질서자유주의자는 철학적으로 유사점이 많다. 양측 모두 하나로 집중되면서 책임은 지지 않는 권력을 염려했다. 그 권력이 사적이건 공적이건 상관없다. 질서자유주의자는 공적 권력을 합법적으로 정당하게 쓰는 데 위협을 가하는 사적 권력에 특히 좀 더 민감했다. 이들은 카르텔이나 독점기업에 의해 야기되는 경쟁 부재의 상황이 가격과 생산을 왜곡했다고 믿었다. 또한 사적 권력에 의한 정부 부패의 위험성에 주목하고 똑같이 무게를 두었다. 이들은 국가는 언제나 경제 시스템을 위협하고 결국에는 민주주의를 끝장낼 수 있는 강력한 사적 이익에 사로잡힐 위험에 노출되어 있다고 믿었다.

나치가 권력을 쟁취하는 시기에 이와 같은 글을 썼다는 것은 앞을 내다본 경고로 보였을 수 있다. 뵘과 오이켄은 아마도 체포당하지 않기 위해 19세기의 사례를 사용했던 것 같다. 이들이 대놓고 나치 정권을 비판하지 않았지만, 개방경제를 옹호한 뵘과 오이켄은 확실히 나치의 경제 질서와 공존하지 못했다. 명백한 저항을 표현하지는 않았지만 뵘과 오이켄은 1930년대 말 보직에서 쫓겨났다. 오이켄은 얼마 동안 구금되었고, 뵘은 1944년 7월 20일 히틀러 암살 기도 실패 후 화를 입었을 수도 있었지만 가까스로 처형을 피해 탈출했다.

다행히 두 사람 모두 살아남았고 1950년대와 1960년대 유럽의 경제정책에 중요한 지적 영향력을 미치는 존재가 되었다. 궁극적으로 전후 독일의 역사에서 가장 중요한 지도자 중 한 명이자 역시 보수적 질서자유주의자인 루트비히 에르하르트Ludwig Erhard가 이들의 대의를 이어받았다. 이제 에르하르트의 시대로 넘어가보자.

4

우리는 어떤 나라에서 살고 싶은가

제2차 세계대전 이후 1950년대와 1960년대에는 질서자유주의와 미국의 사상에 근거한 강력한 반독점법이 기능적 민주주의와 정치적 자유의 영역에서 명백하게 보이는 한 부분이었다. 당시 반독점법은 힘, 영향력, 그리고 정치적 지지도 측면에서 최고 수준에 도달했다. 이런 분위기를 반영하며 1960년대 초 미국의 반독점 운동을 이끈 리 로빙거Lee Loevinger는 의회에서 다음과 같이 증언했다.

"반트러스트법에 관련된 문제(사회 내 힘의 분배 문제)는 핵무기의 위협에 직면한 상태에서의 생존에 버금갈 만큼 중요합니다."[1]

또한 그는 법무부 장관 로버트 케네디Robert Kennedy와의 면접 자리에서 "나에게 반트러스트법은 거의 세속의 종교입니다"[2]

라고 말했다.

미국이 항상 솔선수범하지는 않았지만 제2차 세계대전 이후의 기업집중 반대 운동에서만큼은 모범을 보였다. 법무부의 반트러스트법 부서를 이끈 웬델 버지Wendell Berge는 다음과 같이 말했다.

"미국은 전후 세계를 형성한 가장 강력한 나라 중 하나가 될 것이다. 미국은 선례를 남길 수 있다."[3]

이를 증명이라도 하듯, 1945년 미국 사법부는 오랜 연혁을 가진 알루미늄 독점기업 알코아Alcoa의 해체를 단언했다.[4] 알코아는 전투기, 폭격기, 전함, 항공모함 등 미국이 전쟁에서 이기는 데 기여한 군수품 제작용 알루미늄을 제공했기 때문에, 이는 무시하기 힘든 상징적 행위였다. 독일과 일본 기업만 공격하는 게 아니라 자국의 독점기업에도 손을 댄 것이었다.

알코아 해체 결정문을 작성한 사람은 저명한 법학자 러니드 핸드Learned Hand였다. 핸드는 경제정책을 가장 시적인 어구로 표현해 반향을 일으켰던 브랜다이스의 강령만큼이나 인상적인 글을 썼다. 핸드는 '거대 규모의 기업 통합은 그것이 어떤 경제적 결과를 가져오든 상관없이 내재적으로 바람직하지 못하다는 믿음'을 전제로 했다. 그는 '자본의 엄청난 집중과 집적 앞에 무력해질 수밖에 없는 개인들 때문에 이와 같은 집중 현상을 종식해야 한다는 욕구'가 동기부여로 작용했다고 말했다. 핸드의 글을 요약하면 다음과 같다.

'간접적이라도 그것이 미치는 사회적·도덕적 효과 때문에, 관계된 대다수가 반드시 소수의 지시를 따라야 하는 시스템보다 개인 각자의 기술과 개성에 따라 성공이 판가름나는 소규모 생산자 시스템을 더 선호할 수 있다.'[5]

한편 미국 의회에는 기업집중 현상과 국제 카르텔들이 미국의 민주주의를 위협할 수 있다는 두려움이 만연했고, 그로 인한 열기가 뜨겁게 달아올랐다. 상원의원 에스테스 키포버Estes Kefauver의 1950년 12월 12일 발언을 살펴보자.

우리가 살고 싶은 나라가 어떤 모습이어야 할지 신속하게 결정해야 한다. …… 불필요한 우려를 자아내려는 것은 아니다. 그러나 합병과 집중으로 극소수가 경제 전체를 좌지우지했던 다른 나라의 사례가 명확하게 역사에 나와 있으므로 가볍게 지나칠 수 없다. 언젠가는 어떤 정점에 도달하는데, 대중이 나서서 사회를 장악하는 이 나라에서 우리는 빠른 속도로 그 정점을 향해 가고 있다. 대중이 사회를 장악하는 상황은 언제나 하나 또는 두 가지 방법을 따라가며, 그만큼의 정치적 결과를 야기한다. 전체주의 국가를 만들거나 산업의 국유화가 일어나고 사회주의 또는 공산주의 국가가 탄생하는 것이다.[6]

과도한 기업집중이 민주주의를 저해한다는 우려 때문에 의회는 새로운 '반합병 조례Anti-Merger Act'를 만들어 법을 강화했다. 정치적 측면에서 이 법은 독일과 소련의 사례에 대한 반동 형식이라는 것이 명확하게 드러났다. 이 법은 1950년에 대다수의 지지를 얻어 의회를 통과했고[7] 정부는 합병을 통제함으로써(또는 무산시킴으로써) 선제적으로 거대 기업의 형성을 방지하는 새로운 도구를 갖게 되었다. 수십 년 후 이들 기업을 해체하려 애쓰지 말고 애초에 거대 기업이 되지 못하게 만드는 것이었다. 법무부와 연방통상위원회Federal Trade Commission는 새롭게 기업집중을 통제하는 강력한 도구를 얻게 되었다.

그러는 동안 전후 유럽에서도 반독점법에 대한 관심이 널리 퍼졌다. 서독에서는 연합국이 '정치적 혹은 경제적 압박 수단으로 이용할 수 있는 독일의 경제 권력의 집중'을 모두 제거하도록 고안된 56번 원칙을 부과했다.[8] 영국이 1948년에 새로운 독점 관련법을 통과시킨 것을 포함해 1940년대 말부터 1950년대까지 다른 나라들도 이 사례를 따랐다.[9]

그중 가장 중요하고 영향력 있는 새로운 아이디어는 루트비히 에르하르트의 노력 덕분에 서독에서 나왔다. 에르하르트는 확고한 질서자유주의자로, 독일 분단 이후 첫 10년 동안 서독의 경제 장관을 역임했다.[10] 에르하르트는 나치가 실행한 계획

경제의 잔재를 청산함으로써 독일 경제를 새롭게 열고자 노력했다. 그는 1957년에 서독이 자체적으로 만든 최초의 반독점법을 성공적으로 관철시켰다.[11]

질서자유주의자들 또는 루트비히 에르하르트가 광범위한 지지를 얻었다고 주장할 수는 없을 것이다. 사실 새로운 반독점법은 질서자유주의자들이 원했을 정도로 카르텔을 통제하기보다는 유화적인 편이었다. 하지만 카르텔의 전통이 생겨난 나라에서 반독점법을 시행한다는 것 자체가 사실 큰 성취였다. 한편 독점이 경제성장에 필요하지 않다는 에르하르트의 쟁점이 정당성을 입증하면서 서독은 경제 기적을 일구어냈고 1958년경에는 국가 생산량이 네 배로 증가했다.[12]

상당히 짧은 기간에 서독은 전쟁의 참화를 딛고 세상에서 가장 부유한 나라의 반열에 올랐다. 그러면서 시민을 위해 강력한 경제 보호 조치를 유지하고, 불평등이 과도해지거나 소수의 도시 혹은 대규모 독점기업 중심의 경제가 되지 않도록 조치했다. 여러 가지 면에서 (신자유주의로 돌아가기 전) 전후 서독은 심각한 불평등 없이 지방 분권화된 경제를 유지하면서 브랜다이스와 질서자유주의가 꿈꾸었던 이상에 접근했다. 다음과 같은 비교가 완전히 공평하지는 않지만, 같은 기간에 서독은 중앙집권체제를 유지·강화하며 이전 독일의 전통이었던 중앙에서 관리하는 계획경제정책을 실시해온 동독을 현저하게 앞섰다.

한편 일본에서는 맥아더 장군 휘하의 미군정이 '역사상 가장 야심만만한 조치'로 일컬어진 작업을 시작했고, 이는 1947년에 분권화법이 통과되면서 정점에 이르렀다.[13] 한 관리는 다음과 같이 경고했다.

'자이바쯔가 패배를 딛고 생존하게 내버려두면 그들은 전후 일본 정부를 계속해서 장악할 것이다. 전쟁에서 얻은 경험으로 자이바쯔는 동아시아를 무력으로 정복하기 위해 훨씬 더 치밀하게 준비할 수 있을 것이다.'[14]

결국 미국은 '일본의 중산층과 경쟁적인 자본주의의 토대'[15]를 만들어낼 정책을 실시하기로 결정했다.

반자이바쯔 프로그램의 시작은 강력했다. 미군정은 83개 회사를 목표로 삼았는데, 1948년 무렵에는 42개사가 해체되었다. 16개사는 사라졌고, 26개사는 규모가 더 작은 몇몇 회사로 나뉘며 '후계' 회사를 만들었다. 나머지 41개사는 소유권 지분을 다각화한 뒤 잔존할 수 있었다.[16]

주요 조치로 미군정은 회사를 지배하는 집안이 가지고 있던 금융권 자산을 팔고, 지분을 매각하도록 압력을 넣었다. 이렇게 해서 회사를 지배하는 가문이 자이바쯔의 소유권을 제멋대로 조종하지 못하게 만들었다. 이 두 가지 조치는 전후 일본에서 가장 중요하고 의미심장한 성과였다.

하지만 한국전쟁이 시작된 후, 그리고 미국이 중국과 소련을 견제하기 위해 전략적으로 일본에 무게를 실으면서 이런 흐름은 탄력을 잃었고 자이바쯔 해체 작업은 상당히 지연되었다. 1960년대에는 자이바쯔가 힘겹게 자신을 재창조했다고 주장하는 사람까지 있었다. 일본 내 반독점법이 심각하게 집행되지 않은 것은 사실이다. 또한 시간이 지나면서 일본은 군국주의적 방식은 덜하지만 다시 국가 대표 기업을 육성하는 기조로 돌아갔다. 나중에 토의할 문제지만, 이런 정세는 1990년대 일본의 경기 침체를 설명하는 데 도움이 되기도 한다.

한편 유럽에서는 새로운 경쟁법이 대륙 전반에 걸쳐 퍼져나갔고, 1962년에는 장기간 영향을 미치는 엄청난 사건이 일어났다. 유럽연합의 전신인 유럽경제공동체European Economic Community, EEC가 만든 경쟁법이 도입된 것이었다.[17] 1964년 유럽위원회 European Commission는 프랑스에서 독점적 프랜차이즈를 만들고자 한 독일 기업 그룬딕Grundig을 상대로 유럽사법재판소에서 처음으로 승리를 이끌어냈다.[18] 이로 인해 결과적으로 세계에서 가장 활발하고 중요한 반독점법 집행의 전통이 시작되었다.

미국의 반독점법 집행은 1960년대에 정점을 찍었다. 새로운 세대의 반트러스트법 위반 단속관들은 1950년의 반합병 조례라는 새로운 법으로 무장하고 산업계 집중 현상을 가중시키는 위협이 될 만한 합병을 막기 위해 새로운 극단으로 치달았다. 1960년대를 넘어 1970년대까지 법무부는 은행, 식료품점, 제화업체 등과 전쟁을 벌였다. 자기방어 측면에서 법무부는 앞서 의회가 이미 폭넓은 반反집중 명령을 시행했으며, '단일 인수 작업이 아닌 일련의 인수 작업의 결과'로 나온 '서서히 진행되는' 집중 현상에 대해 우려하고 있다고 밝혔다.[19]

요컨대 전후 시대의 미국, (미국보다 덜하지만) 유럽, 그리고 아시아는 공산주의자나 사회주의자들이 상상하지 못한 방식으로 자본주의를 길들이려는 대담한 노력을 했다고 할 수 있다. 이는 사적 권력을 공적 권력으로 상쇄시킴으로써 사적 권력을 제한하려는 의도적인 시도였다. 그 당시에는 논쟁적이었고 지금도 논란이 되지만 반독점법 시행의 정점에서 산업화를 이룬 국가들은 번영하며 많은 것을 얻었고 부와 수입의 평등을 이루기도 했다.

하지만 기업 분야와 금융 보수주의자들은 정부가 자본주의 자체와 전쟁을 벌이고 있다고 주장하며 저항 세력을 만들어가고 있었다. 그리고 그런 저항은 곧 폭발했다. 다음 장에서는 일단 반독점법의 절정기에서 결정적이었던 순간부터 살펴보기로 하자.

5

기술 기업과 새로운 논리

1940년대 이후 전 세계적으로 반독점법이 이룬 성과 혹은 실패를 연대기로 기록하는 것은 기업집중bigness을 논하는 이 작은 책에는 맞지 않는다. 그래도 반독점을 시행한 사례들 중 가장 큰 성공에 집중해 알아볼 수는 있다. 1980년대와 1990년대에 미국과 유럽에서 일련의 기술 기업 독점을 겨냥한 사례들인데 IBM, AT&T, 마이크로소프트와 같은 사상 최대 기업들을 상대로 벌인 용기로 충만한 활동이라 할 수 있다. 우리가 지금 알다시피 이런 기업들의 해체 혹은 분할은 지속되지 않았다. 하지만 당시에는 그로 인해 엄청난 경제적 기회가 발생했고, 이후 놀라운 혁신으로 이어졌다.

우리가 지금 알고 있는 전 지구적 기술 산업은 1970년대에는 알아볼 수 없을 정도로 미미했다. 그 당시 컴퓨터는 거대하고 매우 값비싼 기계였고, 소프트웨어는 그런 컴퓨터를 사는 이들에게 제공되는 서비스였다.[1] 인터넷은 불확실한 연구 프로젝트였고 네트워킹이란 것도 변변치 않은 전화 회사의 영역이었다. 인터넷이나 웹, 스마트폰은 말할 것도 없고 개인용 컴퓨터PC, 소프트웨어 회사는 말 그대로 공상과학영화에나 나오는 것들이었다.

구조적으로 독점이 당시를 지배했다. 기술 산업은 대형 회사들이 장악하고 있었는데, 이들은 정부와 긴밀히 연합하고 있었다. 이들 회사는 일반적으로 독점기업이거나 해당 국가의 대표 기업, 때로는 국유화된 독점기업이었다. 미국에서는 두 개의 기업이 현재 우리가 기술 산업계라고 부르는 영역을 지배하고 있었다. '빅 블루Big Blue'로 알려진 IBM은 놀라운 시스템/360에 힘입은 컴퓨터 독점기업이었다. 하지만 그 당시 세계에서 가장 크고, 의심할 여지 없이 미국의 통신업을 지배한 독점기업 AT&T American Telephone and Telegraph Company(미국전신전화회사)에 비하면 난쟁이 수준이었다.[2] 규제받는 독점기업 AT&T는 미국 정부와 긴밀한 관계를 맺고 있었다. 무엇보다 AT&T는 뉴멕시코에 군의 핵 실험실 중 몇 군데를 운영했고[3] 캐나다 북부와 알래스카 전역에 대륙간탄도미사일 조기 경보 시스템을 배치했다.[4]

당시 미국만 기술 산업계의 '국가 대표' 모델을 선호한 것은 아니었다. 대부분의 선진국이 그러했다. 영국에는 ICL International Computers Limited이 있었고 나중에는 브리티시 텔레콤 British Telecom 이 생겼다. 독일에는 지멘스, 텔레푼켄 Telefunken, 그리고 도이치 텔레콤 Deutsche Telekom이, 이탈리아에는 올리베티 Olivetti가 있었다. 소련은 IBM의 디자인을 흉내내어 자체 컴퓨터를 만들었다.

한편 1970년대에 일본은 오늘날의 중국 같았다. 기술 영역에서 미국에 강력한 도전자로 떠오르고 있었다. 소니 Sony의 소비자 가전이 성공하고 컴퓨터 거대 기업들(NEC, 후지쯔 Fujitsu 등), 그리고 통신 독점기업인 NTT Nippon Telegraph and Telephone(일본전신전화회사) 덕분이었다. 1970년대 말과 1980년대에는 일본이 미국을 앞질러 전 세계의 기술 산업계를 선도하고 경제력에서도 세계를 이끌어나갈 것이라는 추측이 널리 퍼졌다.

전 지구적 지배와 미래를 통제하기 위해 국가 대표 기업들 간의 고전적인 국제 경쟁의 장이 마련되었다. 유럽과 일본의 기업들이 빠른 속도로 미국 경쟁자들을 따라붙는 가운데, 미국은 자국의 공룡 기업들이 국제 전쟁에서 이기도록 가능한 한 모든 지원과 도움을 준다는 것이 기본적인 논리였다.

그런데 미국(최소한 미국 정부 내의 반독점 부서)은 그런 시나리오를 파괴해버렸다. 직감과 반대로 연방정부는 IBM과 AT&T를 돕기보다 그들을 제약하는 쪽으로 움직인 것이다. 1969년과 1974년에 미국 법무부는 두 회사를 해체시키고자 반독점법에 근거해 소송을 제기했다. 1990년대에 미국 법무부가 미국을 대표하는 기술 기업이자 세상에서 가장 비싼 마이크로소프트를 기소한 것도 같은 맥락이었다.

국가 대표급 기업을 육성한다는 논리에 따르면 미국의 이런 행보는 비이성적이고 어리석으며, 심지어 자살행위에 비견될 만했다. 하지만 당시 미국(정부)은 나름대로 직감에 반대되는 논리를 가지고 있었다. 그리고 이제 확인하게 될 테지만, 이는 향후 미국이 기술 산업에서 선도적 위치를 차지하는 데 중요한 역할을 했다. 반독점법 시행 중 가장 큰 성과를 낸 이들 성공 사례는 자세히 들여다볼 가치가 충분하다.

IBM 기소 이후의 변화

인터내셔널 비즈니스 머신International Business Machines은 1911년에 도표 작성과 데이터 처리용 기계 제조사로 설립되었다. 1960년 대 무렵 IBM은 전 세계에서 가장 큰 컴퓨터 제조업체가 되었다. 일반 목적 또는 기업, 정부 기관 등의 대규모 시설에서 사용하는 '메인 프레임' 컴퓨터 제조업계를 장악한 것이다. 1969년 IBM의 직원은 25만 8,662명이었고 연간 매출은 72억 달러를 기록했다.[5] 그리고 IBM 시스템/360은 가장 성공적인 컴퓨터 라인이었다. IBM의 자부심은 실로 대단해서 다음과 같은 노래까지 만들 정도였다.

언제나 전진-언제나 앞으로!

우리에게 명성을 가져다준 기상!

우리는 대기업, 하지만 더 커질 거라네.

모두가 알 수 있듯 우리는 실패할 수 없다네.

인류에 봉사하는 것이 바로 우리의 목적![6]

1960년대 내내 IBM이 메인 프레임 컴퓨터 분야를 독점하고 반경쟁적이고 약탈적이며 비윤리적인 관행으로 사람들이 슈퍼컴퓨터에 접근하지 못하게 쫓아버린다는 불만 사항이 지속적으로 제기되었다. 1969년 긴 조사 끝에 미국 법무부는 '독점을 유지'했다는 내용으로 IBM을 기소했다. 법무부에 따르면 IBM은 '일반용 디지털 컴퓨터업계'에서의 지배적 위치를 유지하기 위해 '배타적이고 약탈적인 행위'를 지속했다.[7]

정부는 위반에 대한 조치로 IBM을 분할해 여러 개의 작은 회사로 만들고자 했다. 이런 점에서 이 사례는 업계를 완전히 구조 조정하는 것을 목표로 한 '대형 사건'의 전통에 들어맞았다.

6년여에 걸쳐 발견한 내용을 토대로 1975년에 드디어 이 사건의 재판이 열렸다. 재판 기간 동안 IBM은 맹렬하게 방어했는데, 10억 달러 상당의 비용이 들었을 것으로 예상된다. 재판을 담당한 데이비드 에델스타인David Edelstein 판사는 시간을 거의 무제한으로 주며 셀 수 없이 많은 증인 출석을 허용했다. 정부 측 증인 중 한 명은 6개월 이상 증언하기도 했다. 그리고 나머지 재판에서는 진술 녹취록을 읽는 데만도 많은 시간을 보냈다. 법문서 작성가 스티븐 브릴Steven Brill은 이런 자세한 사항을 연대순으로 정리했는데, 재판 전체가 대참사였다고 진술했다. 그의 표현을 빌리면 다음과 같다.

"믿기 어려울 정도로 말도 안 되는 코미디다. 이 사건에 대해 알아보려는 변호사가 있다면, 그는 사건 담당 변호사들을 집어삼킨 똑같은 늪에 빠질 위험을 감수해야 할 것이다."[8]

이 재판은 자그마치 6년간 이어졌는데, 그러는 동안 로널드 레이건Ronald Reagan이 대통령에 당선되었고, 이후 소송은 취하되었다.

재판 자체보다 더 흥미로운 점은 소송이 IBM의 행위와 의사 결정에 미친 영향이다. IBM 가까이에 감시자가 있었다는 사실은 1970년대와 1980년대에 걸쳐 기술시장 발전에 막대한 영향을 미쳤다. 미국연방무역위원회 위원이었던 윌리엄 코바식William Kovacic은 "이 사건 때문에 IBM은 상업 전략을 짤 때 변호사의 역할을 강화하게 되었고, 경쟁력을 행사할 때도 좀 더 조심스럽게 움직이게 된 것 같다"[9]고 말했다. 하지만 우리는 그보다 좀 더 정확하게 상황을 파악할 수 있다. IBM에 가한 공격으로 얻은 가장 확실한 효과는 독립 소프트웨어 산업이 부상하게 되었다는 것이다. 오늘날 미국 소프트웨어 산업의 가치가 1조 6,000억 달러(전 지구적으로는 3조 달러)이고 250만 명의 고용 창출을 하고 있다는 점을 감안하면, 이는 결코 작은 사건이 아니었다.[10]

1960년대에 IBM을 포함해 다른 메인 프레임 컴퓨터 제조업체들은 대부분 관행적으로 소프트웨어를 하드웨어에 '묶어서' 팔았다.[11] 하드웨어를 사면 서비스로 소프트웨어를 제공한다는 의미다. IBM의 메인 프레임 세트에는 구매자의 필요에 맞춰 IBM 프로그래머들이 만든 소프트웨어가 들어 있었다. 잠재고객을 위해 모델하우스를 만드는 것처럼 미리 들어 있는pre-packaged 소프트웨어는 구매자에게 그저 소프트웨어라는 것이 어떻게 생겼는지 보여주는 정도였다.

법무부가 반트러스트법 위반으로 기소를 계획하고 있다는 것이 확실해지자 IBM의 법무팀은 소프트웨어-하드웨어 묶음은 변호하기 힘든 법적 문제라고 결론짓기 시작했다. 1968년 말 IBM 회장이자 최고경영자인 토머스 왓슨 주니어Thomas Watson Jr.는 하드웨어에 세트로 끼워 판매하던 소프트웨어를 분리하기로 결정했다.

1969년 6월 23일(이날을 소프트웨어 산업계의 '독립기념일'이라고 부르는 사람도 있다) IBM은 처음으로 열일곱 개의 응용프로그램을 대여용(아직은 판매용이 아니었다)으로 분리하여 내놓았다.[12] 전 지구를 지배하는 컴퓨터 회사가 처음으로 반제품 소프트웨어를 출시한 뒤 컴퓨터 세상은 이전과 완전히 달라졌다. 이에 대해 1970년대에 유명 소프트웨어 회사를 창립한 리처드 릴리Richard Lilly는 1989년에 이렇게 말했다.

"우리가 현재 활동하고 있는 업계는 IBM이 만들어냈다."[13]

이런 과정의 경제적 중요성과 IBM의 묶음 분리 관행의 공헌 정도를 평가하기는 쉽지 않다. 그 변화가 가져다준 영향이 워낙 지대하기 때문이다. 하지만 중요한 사실은 그 영향이 즉시 체감되지는 않았다는 것이다. 하드웨어는 여전히 소프트웨어보다 더 중요했다. 1980년대 들어서도 소프트웨어 산업의 규모는 비교적 작았다. 어느 경제 분석에 따르면 '1987년 미국 소프트웨어 프로그래밍 서비스 기업(표준산업분류번호 7371)의 수입액은 142억 달러, 컴퓨터 통합시스템 디자인(표준산업분류번호 7373)

은 71억 달러, (선포장된) 반제품 소프트웨어 판매(표준산업분류번호 7372) 수입액은 59억 달러였다'.[14] 개인용 컴퓨터가 비즈니스 컴퓨팅 작업의 모든 측면에 대비해 거둔 승리와 같은 발전상은 아직 일어나기 전이었다. 하지만 2010년대 무렵 소프트웨어 회사들은 전 지구적 수입 면에서 제한적으로 계산해도 수조 달러의 수익을 거둬들이고 있었다.

IBM 반트러스트 소송은 또 다른 획기적 변화에 핵심 역할을 했는데, 그것은 바로 개인용 컴퓨터 산업의 발전이었다. 1970년대에 제록스Xerox의 팔로알토 연구센터와 연관되었던 수많은 연구자들, 그리고 스티브 잡스Steve Jobs와 스티브 워즈니악Steve Wozniak 같은 컴퓨터 애호가들은 기업이나 정부가 소유한 대형 컴퓨터와 다른 '퍼스널personal(개인용)' 컴퓨터를 고안해냈다. 1970년대 말이 되자 애플을 포함해 컴퓨터 애호가들이 세운 일단의 소규모 회사들과 싱클레어Sinclair, 코모도르Commodore, 에이콘Acorn, 탠디Tandy 같은 잊힌 기업들이 대량 판매 시장에 처음으로 퍼스널 컴퓨터를 성공적으로 진수시키며 경쟁에 불을 붙였다. 이들 회사는 2,000달러가 안 되는 가격에 퍼스널 컴퓨터를 제작할 수 있었고, 그것을 판매할 시장이 존재한다는 것을 입증했다.[15]

이제 막 첫걸음을 뗀 신생 산업은 종종 독점기업에 인수되거나 망한다. 이른바 '크로노스 효과Kronos effect'다. 자신의 아이들을 잡아먹은 그리스 신화의 거인 크로노스의 이름에서 따온 표현이다. 수많은 이들이 퍼스널 컴퓨터 산업은 필연적으로 여전히 지배적 컴퓨터 제조업체인 IBM의 맹공에 살아남지 못할 것이라고 우려했다.

1981년 IBM이 퍼스널 컴퓨터 시장에 진입했을 때, 빅 블루는 여전히 당국의 감시를 받고 있다는 것이 확실했다. 그런데 IBM의 첫 퍼스널 컴퓨터는 특이하게도 IBM 특유의 '폐쇄' 시스템에서 벗어나는 파격성을 보였다. IBM의 퍼스널 컴퓨터 팀은 하드 드라이브는 시게이트Seagate, 프린터는 엡손Epson, 프로세서는 자사 것이 아닌 인텔Intel을 선택했다. 그리고 가장 중요한 것은 운영체제로 당시에는 소규모 신생 기업이었던 빌 게이츠(이때 그는 스물다섯 살이었고 대학 졸업장도 없었다)의 마이크로-소프트Micro-Soft를 골라 이후 오랫동안 사용했다는 점이다.[16] 결국 IBM의 퍼스널 컴퓨터가 출시되었을 때 IBM 내부 부서에서 직접 제작한 것은 키보드, 스크린, 마더보드, 그리고 하드웨어 바이오스BIOS(기본 입출력 시스템)뿐이었다.

한편 IBM은 마이크로소프트와 컴퓨터의 운영체제 사용 계약을 맺을 때 소프트웨어에 대한 권리를 사지 않았고 독점 계약을 원하지도 않았다. 마이크로소프트는 자사의 MS-DOS를 다른 컴퓨터 제조업체에 자유롭게 판매할 수 있었다.

컴퓨터 산업의 역사 대부분은 이것이 IBM의 엄청난 실수이며 빌 게이츠가 천재성을 발현한 부분이라고 받아들인다. 하지만 이 역사는 IBM이 뒤로 한쪽 손이 묶인 채로 협상했다는 점을 잊고 있다. 전략경영학자인 조셉 포락Joseph Porac은 'IBM이 잠재적으로 경쟁자가 될 가능성이 있는 소규모 회사에 대해 과도한 지배력의 행사를 꺼린 것은 반독점법에 공포증을 가져서이다. 확실히 마이크로소프트에 이익이 되게 독점적으로 계약하지 않은 것은 IBM이 퍼스널 컴퓨터 시장을 장악하고 있었다고 향후에 제기될 수 있는 주장을 피하기 위한 한 가지 방법이었다'[17]라고 밝혔다.

1990년대에 처음으로 기자들은 IBM이 마이크로소프트나 그들의 소프트웨어를 매수하라는 다양한 제안을 받은 적이 있었다는 사실을 밝혔다. 〈월스트리트 저널〉에 따르면 1980년 마이크로소프트는 IBM에 마이크로소프트의 운영체제를 사라고 대놓고 제안했다. 그런데 IBM은 거절했다. 찰스 퍼거슨Charles Ferguson과 찰스 모리스Charles Morris는 '여전히 계류 중인 반트러스트법 소송 때문에 IBM은 소프트웨어 작가들이 거는 소송, 그리고 소규모 공급자에게서 부당한 이득을 취하는 것으로 보이는 데 극도로 민감했고', 그래서 '운영체제 소프트웨어를 소유하는 것을 경계했다'[18]라고 썼다.

요점은, IBM이 경쟁을 자극하고 신생 기업과 관련 산업에 생기를 불어넣는 예외적이고 희한한 방식으로 퍼스널 컴퓨터 시장에 진입했다는 것이다. 사실 IBM이 예상할 수 있었던 것보다 경쟁이 훨씬 더 치열해졌다. 가장 중요한 결과는 하드 드라이브, 다른 형태의 저장소, 프로세서, 메모리, 그리고 퍼스널 컴퓨터 소프트웨어 시장과 같이 새롭고 독립적인, 컴퓨터 산업의 전반적인 분야를 육성하게 되었다는 점이다. 그래서 일반 대중이 컴퓨터 장비를 마련하는 비용을 감당할 수 있는 수준이 되었는데, 이것이 퍼스널 컴퓨터 혁명의 큰 부분을 차지한다.

강력한 자에게 도전하고, 기업과 시장구조가 얻은 이득을 새로운 산업과 새로운 기회를 만들어내는 방향으로 변환시키는 것. 이것이 법이 최적의 역할을 할 때의 모습이다. 그런데 미국의 최대 통신 독점기업 AT&T가 받은 공격에 비교하면 IBM 사례는 몸풀기 정도에 지나지 않는다.

세계 최대 기업의 해체

1974년 AT&T는 지구상의 최대 기업으로 100만 명 이상을 고용하고 있는, 논란의 여지가 없는 독점기업이었다. 이런 상태가 60년간 지속되고 있었다. J. P. 모건에 의해 설립된 AT&T 는 협동조합주의 비전의 가장 중요하고 강력한 화신이었다. 이 거대 기업은 제한을 받았다. 연방통신위원회Federal Communications Commission, FCC는 '규제된 독점'이라는 기치 아래 AT&T의 활동을 조심스럽게 통제했다.

다시 말해 1974년까지는 세상에서 제일 큰 이 대왕고래의 삶이 괜찮았다는 의미다. 하지만 그해 백악관이 놀라운 정책을 발표했다. '독점기업이 될 곳(AT&T) 또는 공공이 독점을 정당화하는 특별한 공적 정책 고려 사항을 입증하지 못할 경우 활동을 허용할 수 없다'[19]고 선언한 것이다. 같은 해 후반기에 법무부가 AT&T를 상대로 소송을 제기하면서 경쟁법 역사상 가장 크고 중요한 사건이 시작되었고, 결과적으로 대규모의 기업 해체가 마지막으로 이루어졌다. 주장컨대 제2차 세계대전 이후 미국 경제에 미친 영향 측면에서 가장 성공적인 사건이었다.

좀 더 정확히 표현해야겠다. AT&T는 단일 독점기업이 아니라 다수의 독점 복합체였다. 어떻게 세느냐에 따라 여섯 개 또는 일곱 개가 될 수 있는, 본질적으로 '슈퍼 독점기업'이었다. 절정기에 AT&T는 지역 전화 서비스, 장거리 전화 서비스, 송수화기 산업, 다른 모든 부가 장치, 비즈니스 전화 서비스, 그리고 '온라인' 서비스를 포함해 새롭게 나오는 시장을 통제했다.

요즘은 지배적 기업들도 최소한 입에 발린 소리일지라도 경쟁의 중요성에 대해 말한다. 하지만 AT&T는 그렇지 않았다. 당시의 기준에서 보더라도 AT&T가 독점 지배에 쏟은 이념적 헌신은 상당히 드문 것이었다. 이는 AT&T의 진정한 첫 번째 지배자 시어도어 베일Theodore Vail이 정한 기조였다. 베일은 경쟁이 미국의 비즈니스에 먹칠을 했다고 주장했고, 자신의 논증을 도덕주의적으로 만들며 다음과 같이 말했다.

'현재 대중의 정서가 비즈니스, 특히 거대 기업에 반감을 가지고 있는데 전부는 아니더라도 많은 부분에서 공격적인 경쟁과 연관된 사악한 행위에 그 책임이 있다.'[20]

AT&T는 오랫동안 단순한 지역 전화 사업 독점에 만족하지 않았다. AT&T는 통신 분야의 질투 많은 신이었다. 경쟁자를 절대 용납하지 않았고, 공유하지도 않았다. 권좌에서 내쫓길 수 있는 아주 미약한 기회라도 비칠라치면 두려움에 자식들을 집어삼키는 크로노스였다. 1968년 미국 연방통신위원회에서 AT&T는 경쟁은 전화 시스템을 운영하는 자사의 임무에 전혀 부합하지 않는다고 주장했다. 따라서 벨 컴퍼니Bell companies(전화기를 발명한 알렉산더 그레이엄 벨과 동업자들이 1877년에 '벨 전화회사Bell Telephone Company'를 설립했고, 벨의 자회사로 1885년에 AT&T가 만들어졌다. 앞서 AT&T는 여러 개의 기업 복합체로 구성되어 있다고 했는데, AT&T는 '마벨Ma Bell'이라 불리기도 한다-옮긴이)가 이 책임을 효과적으로 수행하기 위해 '통신(전화) 시스템에서 모든 면의 품질, 설치, 보수 유지에 대한 절대적 통제권을 가져야만 한다'[21]는 것이었다. 이처럼 경쟁에 심한 반감을 가진 탓에 수많은 문제가 발생했다. 스스로를 제어할 수 없기라도 한 듯 AT&T는 좀 더 값싼 장거리 전화 서비스를 제공하고자 극초단파 송신탑을 사용한 작은 통신 회사 MCI를 제거하기 위해 가능한 모든 수단을 동원했다. 또한 벨 전화회사와 감히 경쟁하려는 곳을 차단하기 위해 갖은 노력을 다 쏟아부었다.[22] 1970년대에는 관련 혐의 조사가 진행되고 있는 중인데도 불구하고 더욱더 적극적으로 경쟁사들을 공격했다. AT&T는 결국 70여 년간의 역사 끝에 해체의 길로 접어들었다.

상황을 이렇게 만든 진정한 기폭제는 정치적 요소였고, 심지어 합헌적이었다. 법무부는 AT&T가 정부의 통제에 저항하는 모습을 보이며 국가의 경쟁자가 되었다고 느꼈다. 망중립성 원칙의 전신이었던 문제를 포함해 정부의 규제에 직면한 AT&T는 어떻게든 그 수많은 정책을 뒤엎거나 약화시켰다. 독점기업은 자신들이 정부의 규제를 초월한다고 여기곤 했는데, 그래서 법무부가 행동을 개시하게 된 것이다.

AT&T 소송은 거의 10년 동안 지속되었지만 주목할 만한 법원의 결정을 이끌어내지는 못했다. 레이건 행정부 시절인 1980년대 초에 AT&T는 극적으로 해체하는 데 동의했다. AT&T는 여덟 개의 작은 회사로 분할되었고 어떤 비즈니스를 할지에 대해 몇 가지 제약을 받게 되었다.[23] 이 새로운 회사들은 각각 (전 모회사인 AT&T뿐만 아니라) 다른 장거리 전화 회사의 접속을 받아들여야 했다. 그리고 온라인 서비스와 케이블 같은 새로운 시장에는 진입할 수 없었다.

미국에서 진행된 최대 기업 해체의 마지막 사례이므로 결과가 어떠했는지를 깊이 살펴볼 가치가 있다. 단기적으로는 말할 것도 없이 혼란이 발생했다. 기업 해산 이후 통신 가격이 낮아진 것을 지적하는 경제학자도 있지만, 진짜 영향은 그것과 다르고 훨씬 더 중요하다. 돌이켜보면 벨 시스템의 독점이 얼마만큼 혁신을 미루고 있었는지가 여실히 드러났다. AT&T가 지배하는 동안은 상상할 수 없었고, 아무도 상상하지 않은 완전히 새로운 형태의 산업이 AT&T의 사체를 딛고 일어났다.

예를 들어 전화 자동응답기뿐 아니라 가정용 컴퓨터와 네트워크를 연결시키는 모뎀 등 소비자에게 새로운 제품을 팔 수 있는 자유가 주어졌다. 이로 인해 AOL이나 컴퓨서브CompuServe 같은 온라인 서비스 산업이 가능해졌다. 이런 기업들은 집에서 접속할 수 있는 인터넷 서비스 제공자를 양산해냈고, 이는 다시 실리콘밸리의 창업 호황으로 이어졌다.

물론 1980년대와 1990년대에 걸쳐 일어난 모든 일이 AT&T 해체 때문은 분명 아니다. 그러나 벨 시스템이 모든 것을 쥐고 통제할 때는 그 영향력이 너무 구석구석 스며들어 있었던지라 새로운 비즈니스의 사업자는 뭔가를 시작할 수조차 없었다. 인터넷 혁명을 촉발시킨 것은 분명 반독점법이 이룬 가장 위대한 업적 중 하나다.

일본은 왜 경쟁에서 밀려났을까?

1970년대의 같은 기간에 일본의 기술 산업계는 지배권을 놓고 미국에 도전장을 던졌다. 당시 일본은 세상을 변화시키는 혁신의 온상이었다. 소니, 파나소닉Panasonic, 도시바Toshiba는 텔레비전과 라디오 같은 미국 주류 제품의 복제품을 값싸게 만들어 성공을 거두었다. 그중 소니 같은 기업은 기존 제품을 살짝 비트는 마법으로 획기적인 상품을 선보였다. 최고의 사례는 벨트에 부착할 수 있어서, 갖고 다니기 편한 카세트 플레이어 '워크맨Walkman'이었다. 거리를 걸으며 자기만의 음악적 현실 안으로 들어갈 수 있게 해주는 최초의 기술 장비였으므로 워크맨은 금세 선풍적인 유행을 일으켰다.

곧 일본은 '그다음 물건'으로 다시 미국 제품을 눌렀다. 전 세계의 오락실에 새로운 비디오게임이 출현한 것이다. 캘리포니아에 소재한 기업 아타리Atari가 비디오게임 '퐁Pong'을 내놓았는데, 비디오게임 시장을 장악한 것은 일본 회사들이었다. 첫 번째 대형 히트작은 '스페스 인베다Supesu Inbeda'라는 이름을 달고 나왔는데, 이후 '스페이스 인베이더Space Invader'로 널리 알려지게 되었다. '스페이스 인베이더'는 침공해오는 외계인 군대를 쏘아 맞히는 게임으로, 전 세계에서 엄청난 인기를 누렸다. '스페이스 인베이더'는 '파쿠맨Pakku Man(팩맨Pac-Man)', '동키콩Donkey Kong' 등과 같은 게임을 포함해 일본의 대형 히트작 시리즈의 신호탄이었다.

하지만 일본의 성공은 오래가지 못했다. 1980년대 초, 이기고 있다는 분위기에 상기된 일본 정부는 치명적인 실수를 저질렀다. 정부 내 통상산업성Ministry of International Trade and Industry이 지원하는 중앙집권적 기술 발전 계획에 너무 많은 비중을 둔 것이다. 많은 사람들은 통상산업성이 잘못할 리가 없다고 믿었다. 핵심 사례로 일본이 전 세계의 컴퓨팅을 장악하는 종합 계획을 세운 것을 들 수 있다. 당시로서는 확실히 좋은 아이디어로 여겨졌다. 일본 정부는 관련 전문가들에게 자문을 구했는데 그들은 미래에는 더 크고 더 빠른 컴퓨터가 대세가 될 것이고, 최초로 대량 병렬 슈퍼컴퓨터를 만들어내는 데 일본이 미국, 유럽과 경쟁하게 될 거라고 예측했다. 이 경쟁에서 이기기 위한 핵심 사업으로 일본 정부와 일본 최대 컴퓨터 기업의 협업을 의미하는 '5세대' 컴퓨터 프로젝트가 나왔다. 1984년에 나온 신문 기사 한 토막은 다음과 같이 언급하고 있다.

'일본은 기적의 산물을 만들어낼 계획을 짜고 있다. 이것은 광산이나 우물, 밭 또는 바다에서 나는 것이 아니라 머리에서 나온다. …… 일본은 전 세계에 다음 세대, 즉 제5세대 컴퓨터를 내놓을 것이며 그것은 지능을 갖게 될 것이다.'[24]

그런데 결과를 본즉 일본은 경주에서 잘못된 말에 돈을 잔뜩 건 게 아니었다. 경주 자체가 아예 틀렸던 것이다. 안전한 투자라고 여겨졌던 슈퍼컴퓨터 제작은 완전한 실패로 판명되었다. 퍼스널 컴퓨터, 애플 매킨토시의 그래픽 기능을 활용한 사용자 중심의 인터페이스Graphical User Interface, GUI 또는 현재 인터넷이라고 부르는 컴퓨터 네트워크 작업과 같은 혁신적 상품의 미덕을 갖추지 못했기 때문이었다. 너무나 비참한 실패였던 나머지 일본의 컴퓨터 산업은 영구적인 손상을 입었다.

'비평가들은 완전한 실패라고 말했고, 지지자들은 연구자들을 위한 훈련이 되었으니 부수적인 혜택을 보았다는 정도로만 표현했다.'[25]

미국이 AT&T를 해체하고 있는 동안 일본 정부는 그처럼 대담한 작업은 뭐든지 하기를 거부했다. 1990년대에 일본 정부는 일본전신전화회사NTT를 '해체'했지만, 사실상 NTT가 회사를 구성하는 사업 부문을 계속 통제할 수 있게 허용했다.[26] 결과적으로 일본은 이렇다 할 규모의 소프트웨어 산업을 발전시키지 못했고, 대신 일본전기주식회사Nippon Electric Company, NEC와 NTT의 모델을 따라 하드웨어에 중점을 둔 통합시스템에 초점을 맞추는 기조를 유지했다. '온라인 산업'이나 창업 붐 같은 것은 일어나지 않았다.

일본만 이런 중대한 실수를 한 게 아니다. 유럽인들도 때로 격렬하게 경쟁을 강화했지만 개별 국가의 독점기업들과 싸움을 벌이려는 시도는 거의 없었다. 큰 나라들은 조합주의corporatism(국가가 특정 거대 이익집단이나 재계 단체들을 적절히 통제하며 동시에 정치적 결합 관계를 형성해 국가를 운영해나가는 주의 - 옮긴이)를 고수하며, 자국의 통신 독점기업을 그대로 두고 컴퓨터 산업은 계속해서 한쪽으로 제쳐놓았다. 스칸디나비아 반도의 국가들은 예외인데, 유럽의 주변부에 있는 이들 국가는 독립 소프트웨어 산업을 육성하고 발전시키기 위해 노력했다.

1990년대의 일본은 우수한 하드웨어 디자인 능력을 바탕 삼아 첨단의 이동전화 시스템이 미국을 뛰어넘은 것처럼 보였다.

하지만 이동전화 산업은 주요 2개 사업자에 의한 이중 독점 체제가 유지되었다.[27] 신생 기업의 문화는 발전하지 않았고 일본이 잠깐 동안 세계적으로 업계를 선도했지만 오래가지 못했다. 일본은 통신 독점의 힘을 해체하지 않았기 때문에 독립 통신과 인터넷 기업이 성장하지 못했다. 2000년대 초에는 미국이 훨씬 더 앞으로 치고 나갔다. 결국 일본의 사례는 혁신을 하려고 해도 모선에 방해되지 않는 정도까지만 할 수밖에 없었던 것이다.

1990년대에 일본은 소프트웨어와 퍼스널 컴퓨터 산업에서 미국에 뒤처졌다. NTT에 묶여 있던 일본은 인터넷 혁명으로 이행하지 못했다. 1990년대 또는 2000년대 초반에 중요한 일본 기업은 단 하나도 출현하지 않았다. 돌이켜보면 일본의 산업 분야는 소프트웨어, 퍼스널 컴퓨터, 그리고 인터넷 혁명을 발전시킬 기회를 전적으로 놓쳐버렸고 결코 회복하지 못했다.

몇 가지 측면에서 일본은 컴퓨터 전자기기와 비디오게임의 성공에서 얻은 진짜 교훈을 무시했다. 왜냐하면 그 분야에서의 성공은 소니, 도시바, 타이토Taito, 닌텐도같이 작고 허접스러운 회사의 영역이었기 때문이다. NTT나 NEC 같은 공룡 기업이 미래를 호령할 거라고 여겼는데, 틀린 생각이었다.

역사는 복잡하다. 일본이 1980년대와 1990년대에 기술 산업의 경쟁에서 패배한 데는 여러 가지 이유가 있다. 하지만 새로운 아이디어가 무르익어 꽃을 피울 때 IBM과 AT&T에 제재를 가한 덕분에 미국은 다시 기술 분야를 장악할 수 있었다.

반독점 전통이 현재와 같은 동면 상태로 떨어지기 전 마지막으로 미국은 지속적으로 영향을 미칠 중대한 소송을 일으켰다. 1990년대에 미국 법무부는 세상에서 가장 부유한 사람과 가장 중요한 회사를 고소했다. 바로 빌 게이츠와 마이크로소프트를 대상으로 한 소송이었다.

마이크로소프트의 폭주

1990년대의 마이크로소프트는 훗날 부드러운 거인으로 변신한 모습과 사뭇 달랐다. 당시의 마이크로소프트는 공격적이고 교활하며 폭력적인 기계 같은 모습으로 다양한 경쟁자를 무자비하게 쳐냈다. 창업자이자 대표자인 빌 게이츠(자선사업가로 변모하기 전의 모습을 말한다)는 사악한 컴퓨터 괴짜의 전형이자 탁월한 전략가였다. 그가 이끄는 마이크로소프트는 더 나은 기술을 보유하지 않고도 지속적으로 그런 기술을 가지고 있는 기업을 이기고 훨씬 더 좋은 실적을 올렸다.

빅니스

게이츠는 미래를 예측하는, 부인할 수 없는 재능과 그 미래를 통제하려는 야심을 가졌다. 1995년경 게이츠는 '인터넷'이란 것이 마이크로소프트가 장악하고 있는 컴퓨터 산업의 판세를 위협할 것임을 알아차렸다. '인터넷 물결'이라는 제목의 비밀 메모에서 지적했듯, 그는 사람들이 컴퓨터를 작동시키는 응용프로그램보다 웹이, 운영체제보다 인터넷 브라우저가 더 중요시될 가능성이 매우 높다고 판단했다.[28] 게이츠가 옳았다. 마이크로소프트의 주요 독점 품목 두 가지가 위험에 처해 있었던 것이다.

게이츠는 그의 사업에서 어느 부분을 제어하면 되는지를 찾아내는 데도 날카로운 감각을 지녔다. 그는 웹 브라우저가 미래의 열쇠라는 점을 재빨리 간파했다. 당시에 인기 있는 브라우저는 넷스케이프Netscape라는 작은 회사가 만든 내비게이터Navigator였다. 내비게이터는 널리 인기를 얻은 최초의 웹 브라우저였다. 게이츠는 브라우저를 통제하면 웹의 미래, 그리고 나중에 확실하게 밝혀졌듯이 미래의 세상을 통제할 수 있음을 깨달았다.

상당히 예리한 통찰이었지만 낯설지는 않다. 게이츠가 전 재산을 구축하는 데 사용한 묘책을 되풀이한 것이었기 때문이다. 처음부터 마이크로소프트는 솜씨 좋은 예술가는 복제를 하지만 위대한 예술가는 훔친다는 진언을 입증했다. 마이크로소프트의 첫 번째 운영체제PC-DOS는 그보다 앞선 운영체제인 CP/M을 모델로 삼았고, 핵심 부분도 마이크로소프트가 만든 것이 아니라 다른 회사가 만든 86-DOS라는 프로그램의 코드였다.[29] 1990년대에 마이크로소프트의 윈도우는 명백하게 애플 매킨토시의 운영체제를 복제한 것이었다. 마이크로소프트 워드와 엑셀은 각각 워드퍼펙트WordPerfect와 로터스 1-2-3Lotus 1-2-3의 복제품이었다. 어떤 경우라도 마이크로소프트의 제품이 최초이거나 더 낫지 않았다. 대신 그들은 소비자가 원하는 것 이외의 것을 묶음으로 내놓았다. 마이크로소프트의 제품은 결코 소비자의 선택을 받은 것이 아니었다. 그보다는 사실 선택할 것이 없다고 생각하게 만드는 것이 전략이었는데, 이것이 게이츠의 진정한 천재성이었다.

1990년대 말 무렵 마이크로소프트는 넷스케이프를 상대로 특유의 전략을 드러냈다. 내비게이터를 복제한 마이크로소프트의 익스플로러가 갑자기 모든 곳에 깔려 있었고 내비게이터는 온데간데없이 사라져버렸다. 이것은 우연이 아니라 마이크로소프트가 전체 업계를 대상으로 슬그머니 끼워 넣은 강압적 거래의 부산물이었다.[30] 몇 년이 지나지 않아 넷스케이프는 파산했고 마이크로소프트는 새로운 독점사업 품목을 손에 넣었다.

우리 시대에 반독점법의 시행이 최소화되었다면 게이츠가 계획했던 대로 마이크로소프트가 인터넷의 미래를 통제하는 완벽한 지위를 차지했을 것이다. 2000년대 초 구글, 페이스북, 아마존 등 당시의 작은 기업들이 모두 웹 브라우저에 의지했는데, 마이크로소프트가 웹을 독점하고 있었다. 사실 나는 게이츠에게 정부가 조치를 취하지 않았다면 어떤 일이 벌어졌을지 물어본 적이 있다. 그는 마이크로소프트가 현재 구글과 애플이 장악하고 있는 모바일 운영체제를 통제하는 완벽한 위치를 차지했을 텐데, 그만 "다른 곳에 관심을 갖게 되었다"고 말했다. (게이츠의 공을 치하하는 차원에서 말하자면 그는 이 사건 때문에 마이크로소프트를 떠나 자선사업으로 선회하게 되었고, 그건 '확실히 좋은 일'이었다고 시사했다.)

오늘날 거대 기술 기업들이 너무 강력하고 집중되어 있다고 생각한다면, 5~6개의 대기업이 아닌 하나의 공룡 독점기업이 전 세계를 장악하고 있다고 상상해보라. 단 하나의 공룡 기업이 운영체제, 데스크톱 컴퓨터, 모바일, 검색, 그리고 소셜 네트워크까지 모두 다 통제하는 세상 말이다. 클린턴 행정부의 법무부 반독점국 차관보 조엘 클라인Joel Klein, 그리고 유럽위원회가 마이크로소프트와 격돌하지 않았다면 우리의 미래는 그렇게 되었을 것이다. 클라인을 온건한 자유방임주의자라고 생각한 사람이 많았다. 하지만 그는 마이크로소프트의 독점에 공격적인 소송을 제기해 모두를 놀라게 했다. 그는 〈워싱턴 포스트〉에서 다음과 같이 말한 바 있다.

'소송을 걸 만한 사건이면 소송을 하고 싶습니다. 형편없는 거래로 양보를 받아내어 사건을 끝내고 싶지 않습니다.'[31]

한편 유럽연합의 경쟁 담당 집행위원인 마리오 몬티Mario Monti, 일명 '슈퍼마리오'도 마이크로소프트의 매력이 통하지 않는 사람임을 증명했다. 2004년 유럽연합은 공식적으로 마이크로소프트를 제소했고, 결과적으로 미국인보다 더 오랫동안 마이크로소프트를 괴롭혔다.

그러나 마이크로소프트가 90퍼센트 이상의 시장을 점유하고 있는데다 새로운 시장을 독점할 목적으로 작은 회사들을 파괴하고 있었음에도 불구하고 많은 사람들은 클라인이 소송을 제기한 점을 공격했다. 기술 산업 시장은 너무 복잡하고 혹은 법이 따라잡기에는 너무 '빨리' 움직이는 경향이 있다. 사람들은 정부가 기술 산업을 이해하지 못해서 황금알을 낳는 거위를 죽인다고 생각한 것이다.

하지만 사실이 밝혀지고 나니 법무부의 주장이 확실히 증명되었다. 마이크로소프트의 내부 문서에는 그들의 동기가 아주 분명하게 드러나 있었다. 그리고 넷스케이프에 사용했던 책략에 대해 마이크로소프트는 도저히 말이 안 되는 설명을 내세울 뿐 적합한 이유를 대기가 어려웠다. 빌 게이츠는 잔혹하며 길고 긴 증언 녹취록을 감내해야 했는데, 칭찬 일색인 그의 전기에 묘사된 모습과는 대조적으로 이 녹취록에는 게이츠의 훨씬 더 어두운 면이 고스란히 드러나 있었다.

미국 법무부는 지방법원과 항소법원에서 승소했고, 또 하나의 거대 기업 해체를 향해 순항하는 것 같았다. 이와 유사하게 유럽연합 경쟁위원회도 마이크로소프트가 지배적 지위를 남용했다는 결정을 내렸다. 대형 반독점 사건은 건재하며 잘 마무리될 것 같아 보였다. 그런데 조지 W. 부시George W. Bush가 2000년 대선에서 아주 근소한, 그리고 논쟁 많은 차이로 플로리다 주에서 승리해 대통령에 당선되었다. 이후 부시 행정부의 법무부는 마이크로소프트를 해체하지 않고 합의를 통해 소송을 종결해버렸다. 앞으로 다가올 일의 신호탄이었다. 이 사건으로 한때 세계 최강이며 가장 역동적이었던 미국의 반독점 프로그램은 깊은 동면 상태에 들어갔고, 아직까지 깨어나지 않고 있다.

6

오로지 '가격'이다!

　사상의 흐름은 파도와 같아서 동시에 똑같은 방향으로 움직이지 않는다. 자기 나름의 방향으로 향하는데, 서로를 더욱 강하게 만들기도 하고 때로는 서로에게 미치는 영향 때문에 아무런 효과를 내지 못하기도 한다.

　1990년대에 기업집중과 전 지구적 독점 현상을 보는 시각이 그러했다. 한편으로는 경쟁법이 거의 전 세계의 모든 나라로 퍼져나갔고 유럽은 관련 입법을 강화했으므로 이 점에 관해서는 가장 의미 깊은 시간으로 여겨질 수도 있었다. 완전히 고삐가 풀린 자본주의가 나쁜 결과를 낳았다는 기본 전제가 널리 받아들여졌고, 유럽과 미국의 사례를 모델 삼아 대부분의 선진국이 반독점법을 시행했다.

그런데 이상하게도 반독점법이 많은 곳으로 퍼져나갈수록 그 자체가 점점 더 약화되고 힘이 빠졌다. 이런 현상을 이해하려면 당시에 진행된 이념의 변화, 즉 질서자유주의를 꺾은 신자유주의를 살펴보아야 한다.

신자유주의는 질서자유주의의 경쟁자였다. 독일은 질서자유주의 이념을 채택해 반독점법을 만들었고 궁극적으로 유럽의 경쟁법도 탄생하게 되었다. 질서자유주의와 신자유주의는 둘다 정치와 경제, 그리고 자유 시장이라는 문제에서 인간 자유의 중요성을 믿었다. 인간이 교역을 추구할 자유를 신봉한 것이다. 하지만 주요한 차이점이 있다.

질서자유주의는 앞서 말한 바와 같이 자유는 보호되지 않으면 자유 그 자체를 파괴한다고 믿었다. 다시 말해 경쟁에 대한 보호자가 없으면 개방경제는 독점으로 가게 될 것이고, 역시 보호 없는 민주주의는 독재로 치달을 것이라고 생각했다. 질서자유주의자들은 1930년대 독일에서 이 두 가지 현상이 모두 일어나는 것을 지켜보았다. 그래서 그들은 국가가 개입해 경제와 시민의 자유라는 측면에서 인권을 보호해야 한다고 믿었다.

이와 대조적으로 신자유주의는 경제 분야에서 거의 모든 형태의 국가 개입에 반대했다. 하지만 항상 그러했던 것은 아니다. 최소한 초기의 신자유주의는 반독점적 색깔을 띠었다. 프리드리히 하이에크Friedrich Hayek가 주창한 신자유주의는 전체주의 국가의 출현을 막기 위한 수단으로 고안된 이념이었고, 따라서 신자유주의 역시 독점에 반대하는 입장이었다.[1] 질서자유주의자, 그리고 미국 정부와 같이 하이에크는 독점과 국가권력이 손잡을 때 떠오르는 엄청난 위험을 인지하고 있었다.

그런데 반정부적인 신자유주의 이념이 1970년대와 1980년대를 거쳐 힘을 얻어가는 동안 놀라운 일이 발생했다. 이들은 정말 놀랍게도 독점에 대한 저항을 탈피해버렸다. 사실상 신자유주의는 독점은 물론 독점을 지원하는 정부까지 용인하게 했다. 특히 이들이 독점기업들에 대한 정부의 지원을 용인했다는 것은 그 사상의 기원이 가진 평판과 너무도 극명하게 달라서 믿을 수 없게 보일 것이다. 어떻게 이런 지경이 되었는지는 반독점법을 만들어낸 미국에서 시작된다. 그것에 대해 이야기해보겠다.

시카고학파와 하버드학파

신보수주의적 시카고학파의 반트러스트법 시조인 아론 디렉터Aaron Director는 수수께끼 같은 인물이었다. 그가 남긴 저작은 거의 없지만 제자가 많고 20세기 말 법사상에 미친 영향력이 매우 크다. 디렉터는 제정러시아에서 태어났고 부모와 함께 미국으로 이주한 뒤 오리건 주의 포틀랜드에서 성장했다. 1920년대에 예일 대학에서 학부를 다니며 그는 사회주의에 매료되었다. 이후 디렉터는 친구인 예술가 마크 로스코Mark Rothko와 함께 좌파 사회주의 소식지를 발간했다.

그런데 1930년대의 어느 시점에 디렉터는 사회주의 사상에 흥미를 잃었고, 시카고 대학에서 노동경제학을 공부했다. 1940년대 말에는 법학 학위나 경제학 박사학위가 없었음에도 디렉터는 시카고 대학교에서 반트러스트법을 공동 강의하게 되었다.[2]

디렉터가 대학원에서 경제학을 광범위하게 공부하지 않은 점은 오히려 그에게 도움이 되었던 것 같다. 왜냐하면 그가 공부를 시작한 시기는 좌파와 우파 경제학자들 모두 시장은 알아서 잘 작동된다는 생각을 거부하던 때였기 때문이다. 경제학자 도널드 듀이Donald Dewey는 다음과 같이 말했다.

'미국이 훈련시킨 유명한 경제학자들 중에서 양차 대전 사이의 기간 동안 반트러스트의 바람직함에 의문을 제기한 사람은 단 한 명도 없었다.'[3]

자유주의 경제학자들은 거대 비즈니스의 압도적인 지배력을 견제하는 수단으로 반트러스트를 지지하는 경향이 있었다. 보수주의자들은 독점기업과 국가가 연합해 만들어내는 중앙계획의 결과로 프리드리히 하이에크가 표현한 '노예의 길'이 만들어질까 두려워했다. 독점기업은 그 자체로 경제적 자유를 위협한다고 여기는 사람이 있는가 하면, 사적 독점기업이 국유화 또는 최소한 광범위한 규제의 빌미를 제공했다고 우려하는 이도 있었다. 보수주의 경제학자인 조지 스티글러George Stigler는 1952년에 다음과 같이 말했다.

'경쟁력 있는 사기업에 경제 지원을 늘리기 위해, 그리고 정부 통제라는 기류를 역전시키기 위해 거대 비즈니스의 해체가 필요하다.'[4]

디렉터의 원대한 아이디어는 단순성 면에서 탁월했다. 그는 대부분의 경제 전문가가 비현실적이라고 치부해버린 고전적 가격 이론을 가지고 미국의 법이 '소비자 복지' 측면에서 비생산적이라고 공격했다. 소비자의 경제 전망이 강화되었는지는 측정 가능한 방식으로 측정해야 하며 그것이 바로 '보다 낮은 가격'이라는 것이다.

디렉터는 독점기업을 해체하거나 경쟁을 보호하는 브랜다이스식 프로그램이 자칫하면 소비자를 위해 가격을 낮출 수 있는 효율적인 기업과 비교했을 때 능력도 없고 덜 효율적인 기업을 보호하는 셈이 될 수 있다고 우려했다. 디렉터는 하나의 거대 기업이 다른 모든 작은 소매상을 망하게 위협할 때 법이 고려해야 할 유일한 사항은 소비자를 위해 가격이 올라가는지 내려가는지를 살피는 것이라고 주장했다. 그 외의 다른 고려 사항은 전적으로 불합리하며, 오로지 가격만이 중요하다는 것이다.

당시에 이런 견해를 표방한 디렉터와 그를 따르는 '시카고 학파' 일원들은 소수 과격파로 여겨졌다.[5] 영향력을 발휘하려면 법률가가 필요했다. 다행히도 디렉터의 충실하고 우수한 제자들 중에서 그를 대변해줄 인물이 있었다. 바로 로버트 보크Robert Bork다.

1980년대에 미국 상원은 대법관 후보에 오른 보크가 극우 성향이라는 이유로 대법관 인준을 거부했고, 이 일로 로버트 보크는 유명해졌다. 닉슨 행정부에서 일한 그는 항상 극단주의에 경도된 듯했다. 젊은 시절에는 스스로 사회주의자임을 표명해 부모와 급우들을 놀라게 했다. 그리고 대학 시절 내내 이 신념을 충실히 지켰다. 보크는 처음에 어니스트 헤밍웨이Ernest Hemingway처럼 기자이자 작가가 되고 싶어 했다. 헤밍웨이처럼 그 역시 권투를 즐겼고 1944년에는 해병대에 입대했다. 하지만 전투에 참전하지는 않았다.

1950년대 법학대학원에 입학할 무렵 그는 사회주의와 결별했고, 대신 뉴딜 자유주의자를 자처하게 되었다. 아론 디렉터의 수업을 듣지 않았다면 아마도 그는 계속 자유주의자로 남아 있었을 것이다.

보크는 디렉터의 수업을 들은 학기에 훗날 그가 '종교적 개종'이라고 부른 일을 경험했다.[6] 그는 '아론은 가격 이론으로 내가 신봉했던 사회주의를 서서히 파괴했다'[7]고 회고했다. 보크는 디렉터의 말에 설득되었다. 특히 반트러스트법은 완전히 끝장은 아니더라도 방향이 잘못된 프로젝트라고 생각했다. 보크는 자칭 디렉터의 '친위대', 또는 충직한 병사가 되었다.[8] 사회주의자에서 자유 시장을 신봉하는 자유론자로 전향한 것이 시사하듯, 보크는 강력한 입장을 선호하는 극단적 위치에 서곤 했고 확신을 가지고 자신의 입장을 개진했다. 디렉터나 다른 시카고학파 경제학자와 달리 보크는 설득력 있는 글을 쓰는 재능을 가진 일급 법률가였다.

디렉터의 사상을 채택해 그것이 디렉터가 발명해낸 단순한 아이디어가 아니라 그 모두가 법률을 위한 실제적인 취지라고 주장한 것이 보크의 공헌이라고 할 수 있다. 보크는 시카고학파의 지원군과 함께 작업하면서 반독점법은 사실상 반독점이 아니라 오로지 가격에 대한 것이라는 완전한 형태의 대안적 현실을 만들어냈다. 1960년대에 보크가 이 이론을 처음 제시했을 때는 터무니없고, 심지어 헛소리로 여겨지기까지 했다. 하지만 이후 20년 동안 보크는 전력을 다해 자신의 아이디어를 미국의 법으로 끌어올리는 데 성공했다.

반대 증거가 산더미처럼 쌓여 있는데도 보크는 미국 법률의 유일한 목적은 가격을 낮추는 것이라는 디렉터의 학설을 널리 알렸다. 보크는 수많은 반대 증거에도 전혀 굴하지 않고 절대 적으로 확신했으며, 결국에는 성공했다. 시카고학파의 이론과 또 다른 요소, 1960년대 말 미국에서 성행하기 시작한 매우 강 력한 동력인 보수주의적 흐름을 솜씨 좋게 엮어냈기 때문이다. 로널드 레이건 같은 인물들로 인해 기반을 단단하게 다진 보수 주의자들은 정부가 비즈니스에 대한 규제를 줄이고 도덕성을 더욱 고양해야 한다고 주장했다.

보크는 문화전쟁에 자신의 생각을 접목시킴으로써 방대한 중간층에 호소했다. 그는 다른 대안들은 평판이 좋지 않으며, 다소 퇴보하고 타락한 자유주의자들의 방종이라고 주장했다. 그리고 그가 묘사한 가격에 의해 주도되는 경제 분석이야말로 정의로우며 자제력이 있다는 것이다. 그렇게 로버트 보크는 법 을 해석하는 방법 중 하나로 새로운 종류의 도덕주의를 끼워 넣었다.

사실 변호사와 판사는 우려가 많은 사람들로, 체면이나 품위 를 몹시 중요시한다. 보크와 그의 동료들은 엄격하고, 심지어 과학적 확실성까지 갖춘 것으로 보이는 방식으로 사건에 대한 판단을 내릴 방법을 제공했다. 그렇게 해서 시카고학파는 성공했다. 1970년대와 1980년대에 걸쳐, 이후 신자유주의자로 알려지게 되는 중도층을 정복하는 데 성공했기 때문이다. 1970년대까지는 시카고학파가 지적 사고의 변방에 머물고 있었고 중심에는 하버드학파, 그중에서도 도널드 터너Donald Turner와 필립 아리다Phillip Areeda가 자리잡고 있었다. 이들은 미국의 경쟁과 독점법에서 가장 영향력이 강한 저서를 남겼다.

법률가들은 자기들만의 문화를 가지고 있는데, 어떤 면에서 시카고학파와 신자유주의자들은 문화전쟁에서 승리를 거두었다. 가격 주도 경제학이 제공하는 품위를 추구하는 변호사와 판사들로 구성된 방대한 중도층에 확신을 준 것이다. 조금씩 조금씩 시카고학파의 비평은 미국의 법 깊숙이 파고들었고, 마침내 독점 문제의 핵심을 건드렸다. 거기에서 전통의 기반과 결별하고 법은 진정 급격한 변화를 겪었고, 갑자기 이례적으로 독점주의자들의 행위를 용인하게 되었다.

시카고학파에 의하면 이 시대의 독점주의자는 심각할 정도로 잘못 이해되어왔다. 독점주의는 앞선 세대가 두려워하던 위협적인 야수가 아니라 사람 좋고 소심한 존재라는 것이다. 그들이 말하는 독점주의는 모든 행동에 선의가 깃들어 있고 새로운 경쟁자를 계속 두려워하며 사는 부드러운 거인이다. 이 거인은 이미 실제 경쟁자들을 제거했지만 그저 그들을 생각하는 것만으로도 위축된다. 그래서 감히 가격을 올리거나 경쟁자들을 파멸로 몰아넣지 않았다는 것이다. 이 이론이 AT&T를 변호하는 데 사용되었다. AT&T는 미국 역사상 가장 견고한 독점기업 중 하나였지만, 잠재적으로 경쟁을 매우 두려워해 그 어떤 부정행위도 생각하지 못했다는 주장이었다.

시카고학파는 독점주의자가 행하는 남용에 대해 언급하면서 그 또한 오해가 많다고 주장했다. 모든 것이 최선과 최고의 행복을 위해 실행되었다는 것이다. 폭포처럼 쏟아진 시카고학파의 논문들은 순전히 가격 이론에 근거하고 (증거는 말할 것도 없고) 전략적 고려 사항도 무시한다. 그리고 독점주의자가 독점 관행으로 얻는 것은 거의 아무것도 없으니, 더욱 효율적으로 운영하기 위해 독점을 실행하는 것으로 확실히 추정된다고 주장했다. 결국 구관이 명관이라고 항상 '기존 구조가 가장 효율적인 구조'라고 간주해야 한다는 말이 있지 않느냐는 식이다.[9]

새로운 방식으로 이론에서 실제로 도약하면서 시카고학파는 이론에 존재하지 않는 것은 실제에도 존재하지 않을 가능성이 높다고 주장했다. 은행을 터는 것은 은행을 지키는 경비와 돌아올 빈약한 수익을 생각할 때 경제적으로 비이성적이다. 그러므로 은행털이는 일어나지 않는다. 고로, 형법은 필요가 없다. 조금 과장된 표현이긴 하지만, 이런 전제는 30년 이상 보크와 시카고학파의 사고에서 핵심이었다.

확실히 시카고학파의 이런 아이디어는 빌 클린턴Bill Clinton이 대통령이고 마이크로소프트가 거의 해체될 뻔했던 당시에는 제동이 걸렸다. 하지만 결론적으로 그 시간은 그저 지연 효과를 갖는 정도였을 뿐이다. 이후 부시 행정부 아래서 셔먼법의 반독점 조항은 깊은 동면에 들어갔고, 다시는 깨어나 회복되지 않았다. 마이크로소프트 사건의 해결을 위한 잠깐의 시간 이후 부시 행정부의 법무부는 반독점법 시행을 완전히 종료했다. 부시의 재임 8년 동안 법무부는 반독점 사건을 단 한 건도 제기하지 않았고, 주요 합병 건을 단 하나도 막지 않았다.

시카고학파가 퍼뜨린 바이러스는 곧 유럽까지 전염시켰다. 유럽의 경쟁법은 앞서 살펴본 질서자유주의에 근거하여 경쟁하는 자유 시장이 인간의 자유에 기여하고 독재의 출현을 저지하는 데 도움이 되었음을 전제로 했다. 그런데 1990년대에 유럽연합은 경쟁법에서 최우선적인 목표는 '소비자 복지'가 되어야 한다는 해석을 받아들이기 시작했다.

1997년 유럽에서는 처음으로 녹서(정부의 견해를 발표하는 문서 - 옮긴이)에 '소비자 복지'와 '가격 인하'를 유럽연합의 실행 목표로 삼는다고 밝히면서 로버트 보크의 언어를 사용하기 시작했다.[10] 2005년 유럽연합 위원회는 현대화 계획의 일환으로 '소비자 복지를 강화'하고 '자원의 효율적 배분을 확보'하는 것이 궁극적인 목표라고 널리 선언했다.[11]

1930년대의 질서자유주의자들도 소비자를 위해 가격을 낮춰 유지하는 것은 중요하며 득이 된다는 데 동의했을 것이다. 하지만 그것 자체가 사적 권력의 집중을 방지하는 근거가 될 수 있다는 생각은 거부했을 것이다. 질서자유주의자들은 인간의 자유에 관한 진정한 질문에 관심이 있었고 과도하게 집중된 경제가 가하는 위험을 목격했기 때문이다. 사적 권력이 집중되면 개인에게 위협이 될 것이므로 분명 그것을 두려워했을 것이다.

2005년에 유럽연합이 시도한 변화는 미국의 온건한 기술 관료들과 마찬가지로 선의에서 나온 것이었다. 미국에서처럼 그들의 목표는 기술 관료적이고 '엄정함'을 추구하는 것이었다. 무엇보다 '사적 권력'과 '경제적 자유'라는 아이디어를 정량화하기는 어려운데, 관료 세대는 과학적 확실성을 원했다. 유럽은 새로운 기준으로 경제학자들에게 계산을 하게 하고, 그것을 바탕으로 정당하다고 혹은 정당하지 않다고 선언했다. 법을 정확하고 과학적이며 예측할 수 있게 만든다는 것을 중요한 약속이라고 생각했다.

빅니스

하지만 미국과 유럽 모두 그런 임무를 수행하는 프로젝트의 실행에 실패했다. 활발한 경쟁, 경쟁의 소멸, 혁신, 상품의 품질, 그리고 가격까지, 중요한 수많은 것들은 측정할 수 없는 경우가 매우 많다. 엄정함을 추구하는 것은 대책이 없는 것으로 귀결되었고, 유일하게 예측될 수 있는 것은 느슨함이 체계화되었다는 것이었다. 기업들은 곧 제대로 된 법률가와 경제 전문가들을 이용해 새로운 기준을 만들어낼 수 있고, 최악의 경우 몇몇 조건에만 동의해주면 정부는 사라져버릴 것임을 알게 되었다.

소비자의 복지라는 기준을 널리 채택하면서 생겨난 수많은 문제 중에 두드러지는 것이 하나 있다. 연속적인 합병으로 업계를 강화하게 내버려두는 것인데, 질서자유주의자들과 브랜다이스 사상을 따르는 사람들이 도저히 믿지 못했을 이러한 합병은 다른 세대에도 충격으로 다가왔을 것이다. 단지 한 세대가 지난 후 우리는 상업과 금융의 세계화에 힘입어 경쟁과 경제적 자유의 이상을 조롱거리로 만들고, 중소 생산자와 노동자들을 강하게 압박하는 집중 현상을 국내에서, 그리고 국제적으로 목격하고 있다. 이것이 바로 우리 시대 기업집중의 저주가 만들어낸 현실이다.

7

원가는 내려가는데 왜 더 비싸질까?

　일반 소비자들은 고급 안경과 선글라스 판매를 매우 경쟁적인 비즈니스로 생각할 수 있다. 선글라스 헛Sunglass Hut 같은 안경류 매장에 들어가면 아르마니, 레이밴, 티파니, DKNY, 버버리, 그리고 다른 브랜드의 선글라스를 볼 수 있다. 다양한 스타일의 남녀용 선글라스, 편광렌즈, 스포츠렌즈 등 상품이 즐비하다.

　언뜻 보기에 다양성을 갖춘 건강한 시장 같지만 실은 엄청난 기만이다. 당신이 깨닫지 못한 점은, 사실상 한 회사가 이 다양한 브랜드를 소유하거나 독점 특허권을 보유하고 있다는 것이다. 매장도 소유하고 있을 가능성이 높다. 그 회사는 세계적인 안경류 독점기업 룩소티카Luxottica다.

　그리고 당신은 아마도 안경류의 수익률이 어떤지 잘 모를 것이다. 안경류의 수익률은 소매 기준으로 봐도 특이한 구석이 있다. 때로는 원가의 5,000퍼센트를 초과한다. 지난 20년간 중국이 생산하면서 안경 가격이 더 싸지고, 기술이 발전한 덕에 제조는 더 효율적으로 변했는데도 안경 값은 내려가지 않고 계속 오름세다. 효율성이 소비자에게 도움이 된다는 생각의 정반대 현상인 것이다.

당신이 유럽이나 미국 또는 남미에 살고 있다면 시력에 맞춘 처방 렌즈를 사려고 할 때 아마도 125~400달러, 비싸면 800달러를 지불할 것이다. 그런데 고품질의 안경테는 4~8달러면 만들 수 있다. 최상품을 만들 때도 원가는 15달러 정도다. 그리고 품질이 우수한 콘택트렌즈를 만드는 데는 1달러 25센트가 든다. 다시 말해 제조비가 8달러 정도인 선글라스를 200달러 이상, 시력에 맞춘 처방 안경의 원가는 16달러 정도인데 400달러를 주고 구매하는 게 일반적이라는 의미다.[1] 우리가 살고 있는 세상의 경제가 이런 식으로 돌아간다.

제조비가 내려가는데도 가격은 계속해서 올라간다면 뭔가 단단히 잘못된 것이다. 이것은 전 지구적 독점으로 인해 점점 심각해지는 증상으로, 세계화를 좋게 평가하지 않는다 해도 예상치 못한 부작용이다. 룩소티카는 전 지구적 공급 체인을 이용하며, 유럽과 미국의 유명 브랜드 제품을 중국에서 제조하는 효율성을 발휘하여 전 세계에 깔려 있는 소매 매장에서 판매한다. 전 지구적 공급 체인 덕에 비용을 낮출 수 있게 되었다. 그리고 이 부분은 세계화가 약속한 여러 가지 것들 중 하나다. 하지만 그렇게 해서 절약한 돈이 소비자나 노동자에게 돌아가지는 않는다. 회사는 가격을 높게 책정해 유지하거나 시장이 견디는 수준까지 가격을 올리는 식으로 그 돈을 차지한다. 룩소티카를 예로 들어 전 지구적 문제점 중 하나를 살펴보았다. 현재로서는 해결책이 없는, 우리가 사는 세상의 문제다.

룩소티카도 전 지구적 기업집중 사례에 포함된다. 1961년 이탈리아에서 창립된 룩소티카는 1990년에 이탈리아의 보그 아이웨어Vogue Eyewear를 사들이면서 세계시장을 장악하는 길로 들어섰다.[2] 이어 레이밴, 선글라스 헛, 그리고 할인 소매점 렌즈크래프터스LensCrafters 등 일련의 미국계 회사를 인수했다. 그다음으로는 소매점 영역에서 2003년 시드니에 소재한 OPSM을, 2004년에는 펄 비전Pearle Vision과 그 모회사인 콜 내셔널Cole National을 사들였다. 마지막으로 2017년에는 주요 글로벌 경쟁사인 에실로Essilor를 460억 유로에 인수했는데, 이해할 수 없게도 유럽연합 집행위원회는 이 합병을 무조건 승인했다.[3]

경제학자들은 룩소티카의 사례가 보여주듯, 원가와 비용을 훨씬 초과하는 높은 가격을 유지하는 기업의 능력은 독점의 힘에 기인하며 소비자인 당신은 그것을 확인할 수 있다고 넌지시 이야기한다. 하지만 안경과 선글라스를 만드는 데 사실 그 정도로 많은 비용이 들지 않는다면, 유명 브랜드를 가진 다른 회사가 가격을 내려 룩소티카를 이기지 못하는 것은 대체 무엇 때문일까? 결론적으로, 고전적인 경제이론은 그것이 가능해야 한다고 말한다.

도처에 깔려 있는 모조품 때문에 룩소티카가 책정하는 높은 가격은 전 세계시장에서 피해를 보고 있다. 그리고 룩소티카가 아시아의 안경류 산업에서 강세를 보이지 못하는 것도 사실이다. 하지만 룩소티카는 다수의 브랜드를 소유하고 영향력을 발휘하여 소매점을 통제하며 도전자를 매섭게 징벌하는 종합적 전략을 써서 용케도 명품 브랜드 안경과 선글라스 시장을 장악하고 있다.

2000년대에 스포츠 선글라스 회사인 오클리Oakley는 가격을 낮춰 룩소티카에 대들었다가 뼈아픈 교훈을 얻었다. 룩소티카는 자사 매장에서 오클리를 빼는 식으로 보복했고, 그래서 오클리가 힘이 약해지자 적대적 매수를 해버렸다.[4] 이런 분위기에서 경쟁법 관련 정부 관리들이 이와 같은 교묘한 계략에 대해 심각하게 조사하지 않았다는 것은 그리 놀랍지 않다. 전 지구적 독점은 이런 식으로 유지되고 있다.

전 지구적 집중 현상이 안경류 산업에서만 일어나는 건 아니다. 어쩌면 맥주 시장은 경쟁이 벌어지고 있다고 생각할지도 모르겠다. 하지만 전혀 그렇지 않다. 지역 맥주 회사였던 벨기에의 인터브루Interbrew는 30년을 거치며 전 세계를 장악한 거대 주류 기업으로 성장했다. 전 지구적 차원의 기업 통합과 집중을 위한 공격적 행보로 AB인베브AB InBev(벨기에의 인터브루와 브라질의 앰베브AmBev가 합병해 인베브InBev가 만들어졌고, 다시 인베브와 미국의 앤하이저부시Anheuser-Busch가 합병해 AB인베브가 탄생했다 – 옮긴이)는 전 세계의 거의 모든 주요 맥주 회사는 물론 선도적인 수제 맥주 회사를 여럿 사들였다. 현재 AB인베브는 세계적인 주요 맥주 회사 대부분을 소유하고 있다. AB인베브가 소유한 회사 이외의 주요 맥주 회사는 하이네켄Heineken이 보유하고 있다. 하이네켄, 스텔라 아르투아, 포스터스, 버드와이저, 암스텔, 레페 등 당신이 들어본 거의 모든 유명 맥주 브랜드를 이 두 회사가 소유하고 있다.

확실히 세계 맥주 산업은 미국, 유럽과 남미의 여러 지역에 있는 새로운 수제 맥주 회사로부터 도전을 받고 있다. 맛이 더 좋기 때문에 수제 맥주를 선호하는 사람이 많은데도 공장제 맥주 회사는 수십 년간 이 맥주 맛 문제를 무시할 수 있었다. AB인베브와 하이네켄은 수제 맥주 회사들이 부상해 가해오는 도전을 꺾으려 하지 않았다. 대신 그들은 느슨한 법을 이용해 대형 수제

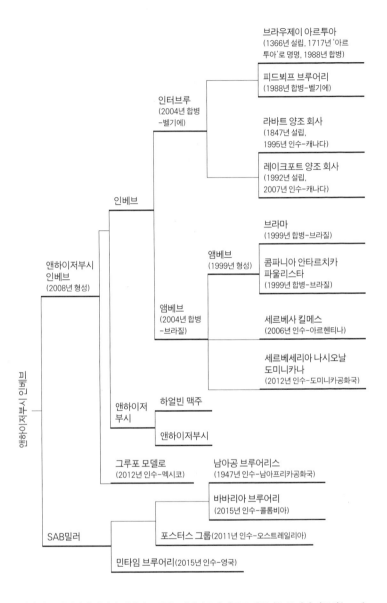

세계 맥주 산업에서 벌어진 기업집중 현황-기업집중의 저주를 실증하는 증거가 작동하는 모습

맥주 회사를 사들였고 이들이 경쟁에서 이기도록 만들었다. 결국 대부분의 나라에서 성공을 거둔 수제 맥주 회사들도 AB인베브와 하이네켄 휘하에 들어가게 되었고, 경쟁은 둔화되어갔다. AB인베브는 심지어 수제 맥주를 비교 평가하는 웹 사이트까지 사들이기 시작해 맥주 시장의 경쟁을 더욱 방해하고 있다.

전 지구적 기업집중 현상이 가져온 가장 심각한 문제 중 하나는 개별 국가의 반독점 당국이 효과적으로 대처할 힘이 없다는 것이다. 특정 회사가 이미 독점적 지위를 차지한 나라(아르헨티나의 킬메스Quilmes처럼)에서 이 회사를 다른 세계적 독점 회사가 인수해도 반독점으로 등록되지 않는다. 미국의 경우 2016년에 AB인베브가 SAB밀러SABMiller를 인수하려 했는데, 두 회사는 합해서 미국 맥주 판매의 75퍼센트를 통제하고 있었다.[5] 이에 미국 법무부가 미국에서의 합병을 (SAB밀러를 국내에서 팔도록 강제해) 실질적으로 차단했다. 하지만 해외에서는 이 두 회사를 소유한 모회사가 같고, 본사도 똑같다. 전혀 놀랍지 않은 것은, 맥주 가격이 이전에는 내려가는 추세였는데 오르기 시작했다는 것이다.

맥주와 안경류 산업 외에도 전 지구적 독점과 세계경제에 영향을 미친 의미심장한 기업집중 사례는 매우 많다. 이제부터 다른 분야의 사례도 살펴보자.

화학약품업과 종자 산업

제2차 세계대전 이후 연합국은 히틀러의 전쟁 행위에 주역으로 봉사한 화학약품과 고무 제품 생산업체, IG 파르벤의 해체를 강행했다. IG 파르벤은 또한 유일하게 자체적으로 포로수용소를 운영한 민간기업이다. IG 파르벤은 6개 회사로 해체되었는데, 그중 상위 3개사가 바이엘Bayer, 훼히스트Hoechst, 바스프BASF다.[6]

그러나 2018년으로 내달리면 바이엘은 미국의 화학약품 공룡 기업 몬산토Monsanto를 인수해 세계 최대 종자, 비료, 화학약품 생산 기업이 되었다.[7] 다우Dow와 듀폰DuPont(둘 다 미국 기업이다)[8]의 합병, 켐차이나ChemChina의 신젠타Syngenta 인수는 모두 전 지구적 화학약품업계의 소수 독점 사례에 속한다.[9]

항공업

한때 수많은 나라가 '규제 완화'를 통해 항공권 가격을 낮추겠다고 약속했지만 항공업계에서 일어나는 광범위한 기업집중 현상으로 인해 이 약속은 무색해지고 있다. 미국을 예로 들면 항공사의 숫자가 유나이티드, 아메리칸, 그리고 델타의 세 개로 줄어들었다. 이들은 서로 비슷한 가격을 유지하고 있으며, 좌석은 더 작아지고 항공권 가격은 오르고 있다.

통신

전 세계의 국가들이 자국의 이동통신 사업자들이 소수의 거대 기업으로 집중되는 것을 허용하고 있다. 예를 들어 유럽연합은 네덜란드와 이탈리아의 사업자 통합을 승인했다. 인도 시장은 통합되어 네 개의 주요 회사가 남았고, 미국은 2019년에 연방정부가 합병을 승인해 사업자가 세 개로 줄어들었다.

업계는 종종 국제 '5G' 경쟁에서 승리하려면 두 개 또는 세 개 사업자로 줄여야 한다는 허구적 주장을 들먹인다. 경쟁에서 이길 투자를 따내려면 큰 회사가 필요하다는 전제를 내세우는 것이다. 하지만 가격 결정을 할 때 협력을 이끌어내기에 용이한 숫자가 둘 또는 셋이라는 점도 주목할 만하다.

제약업

제약업계는 비교적 적정하게 나뉘어 있었는데 1995~2015년에 주요 통합에 따른 집중이 진행되었다. 수천 가지의 결합으로 국제 제약업 시장은 60여 개사에서 10개사 정도로 줄어들었다.[10] 한편 미국은 관련법 집행 기구가 새롭고 충격적인 조제 약품 인수 건을 통과시켰다. 즉각적인 설계로 독점적 가격 책정의 잠재성을 철저히 이용할 수 있는 기업에 약품을 판매하도록 승인한 것이다. 그 결과 최소 약값을 1,000퍼센트, 심한 경우에는 6,000퍼센트까지 올릴 수 있게 되었다.[11] 가장 유명한 사례는 기회주의적 성향의 젊은이 마틴 슈크렐리Martin Shkreli가 벌인 사건이다. 그는 다라프림Daraprim이라는 약을 생산하는 시설을 인수하자마자 약값을 13달러 50센트에서 750달러로 올렸다. 이는 비슷한 일을 저지른 수많은 건(이 중 그 어떤 거래도 제지당하지 않았다) 중 하나일 뿐이다. 그리고 현재 다라프림의 가격은 여전히 750달러다.

수많은 나라가 독점적 합병 금지법을 시행하는데 왜, 어떻게 해서 이런 일이 일어나는 것일까? 반트러스트법을 지키기 위해 헌신[12]하겠다고 맹세한 버락 오바마Barack Obama가 대통령일 때, 그리고 유럽연합도 반트러스트법을 '공격적'[13]으로 집행한다고 자처하는 터에 어떻게 이런 일이 발생할 수 있을까? 질서자유주의적 사고가 한때 강력한 영향력을 행사한 유럽에서 1930년대의 위험한 경제구조가 다시 부상하는데 이를 방치하고 있는 것일까?

전 세계가 시카고학파의 강력한 영향력과 신자유주의적 사고를 기준으로 받아들이며 법의 힘이 심각하게 약화되고 있기 때문이다. 엄격한 경제 분석을 존중하는 것이 좋은 평판의 지표라는 로버트 보크의 아이디어가 지배적 이념이 되었다. 가격 이론과 소비자 복지(합병의 유해한 영향이 소비자가격에 미치는 효과를 정부가 단호하게 증명하라는 요구) 이론이 힘을 발휘하고 있는 것이다.

그런데 지난 10년간 간과해온 모든 것 중에서 가장 심각한 문제는 다른 데 있었다. 기술 산업계의 통합과 집중 현상으로 인해 '새로운' 웹 산업계에서는 전혀, 아무런 제약도 받지 않으면서 완전히 새로운 수준의 독점기업들이 탄생하게 되었다. 이들은 이전에 나온 그 어떤 기업보다도 강력한 힘을 갖고 있다고 할 수 있다.

8

세계 제국 건설에 나선 거대 기업들

1990년대와 2000년대에 새롭게 웹과 인터넷이 출현했을 때는 황금시대가 개막된 것 같았다. 인터넷과 웹은 비즈니스 관련법뿐 아니라 인류가 이전에 접했던 모든 것에 대비해 특별한 예외가 되었다. '사이버 세상'에서는 대인 관계, 개인의 정체성, 소통 방식 등이 모두 다 달랐다. 논리적으로 볼 때 이는 비즈니스와 경제를 이끄는 원칙에도 변화가 왔음을 암시했다.

2000년대는 아주 작은 블로그가 기성 미디어를 능가하는 존재가 될 것이라는 쟁점에 대해 다른 결론을 내릴 수 있을까? 어디에선가 신생 기업들이 갑자기 튀어나와 하룻밤에 수백만 사용자를 획득하고 설립자와 직원들은 기존 재계 거물과 부자들보다 더 많은 부를 거머쥐는 일은 언제부터 일어났던 걸까?

이런 분위기를 가장 잘 묘사한 인물은 존 페리 발로우John Perry Barlow로, 그는 1990년대 사이버 세상에 관심을 가진 이들에게 다음과 같은 세상을 상상해보라고 청했다. '무단침입자가 발자국을 전혀 남기지 않고, 상품이 무한대로 절도당할 수 있지만 그래도 원래 소유자의 소유물로 남아 있으며, 한 번도 들어보지 못한 비즈니스가 당신 개인의 역사를 소유할 수 있고, 아이들만이 온전히 편안하게 지내며, 물리학이 물질적이기보다 사고의 영역인 것이 되며, 모두가 플라톤의 동굴 속에 나타나는 그림자만큼 가상이 되는 곳을 그려보라'[1]고 말이다.

모든 것이 빠르고 혼란스러웠다. 지속적인 지위란 존재하지 않았다. 어제는 AOL이 강력하게 지배했는데, 어느 순간 경제 교과서가 그들의 실패를 조롱하고 있었다. 넷스케이프는 (마이크로소프트의 방해 공작 때문이기는 하지만) 하늘 높이 치솟다가 궤도에 도달하지 못하고 곤두박질쳤으며, 소셜 미디어의 선구자였던 마이스페이스Myspace가 대유행하다가 페이스북이 나타나자 어느새 자취를 감춰버렸다.

상황이 이렇게 혼란스럽다 보니 새로운 경제에서는 (규모의 경제 측면에서) '거대함bigness'이 더 이상 중요하지 않다고 쉽게 생각하게 되었다. 낡은 것은 안 좋다고 여기는 것과 마찬가지로 덩치가 큰 것은 불리해 보였다. 큰 것은 서열을 만들고, 산업적이며, 발 빠른 포유류 시대에 존재하는 공룡과 같았다. 실리콘밸리의 주문처럼 차라리 작고 젊어야 '재빨리 움직이며 치고 나갈' 수 있는 것이다.

이 모든 것은 사이버 세상에서는 독점이 지속될 수 없음을 암시했다. 인터넷은 결코 독점을 허용하지 않았고 비즈니스도 인터넷의 속도로 움직이고 있었다. 3년 된 회사는 중년이고, 5년 된 기업은 거의 죽음에 근접한 것이었다. '진입을 방해하는 장벽'이란 20세기에나 통하는 개념으로 여겨졌다. '클릭 한 번' 하는 속도로 항상 경쟁이 이루어지고 있다고 보았다.

어떤 회사가 일시적으로 지배적 위치를 점했다 해도 전혀 두려워할 이유가 없는 것 같았다. 그들은 옛날 방식의 사악한 독점기업이 아니었다. 새로운 회사들은 모든 인간에게 달콤한 맛, 밝은 빛, 선의를 퍼뜨리는 데 헌신하고 있었다. 정보에 접근하고(구글), 싼값에 책을 사고(아마존), 전 세계적 공동체를 만든다(페이스북). 이에 대한 비용으로 비싼 값을 치르라고 하지 않는다. 심지어 비용을 전혀 요구하지 않는 경우도 있었다. 구글은 무료 이메일, 무료 지도 애플리케이션, 무료 저장소를 제공한다. 그러므로 페이스북이나 구글 같은 기업은 비즈니스라기보다 자선단체에 가까워 보였다. 당신이라면 적십자를 고소하겠는가?

이렇게 흥분되는 시기에 오직 불평분자만이 감히 비즈니스와 경제가 다른 모습을 보여준 적이 없었다고 주장할 것이다. 혹은 새로운 질서라고 간주되는 것은 사실 기업들이 시장과 새로운 기술을 더 잘 이해하면 곧 종말을 맞이할 단계에 지나지 않는다고 말할 것이다. 좋은 시간이 계속되고 있었다. 그게 아니라면 최소한 그런 것처럼 보였다.

그런데 시장 진입이 쉬우면서 개방적인 혼란의 시간이 10년 정도 지속되다가 끝나자 놀라운 일이 벌어졌다. 2010년대가 시작되었는데도 구글, 페이스북, 그리고 아마존 같은 신생 기업들이 사라지지 않았다. 이들은 곧 망하거나 쇠퇴할 기미를 보이지 않았고, 5년이면 노후화된다는 도식도 깨버렸다. 오히려 이들은 살아남아 시장 지배력을 키워가고 있었다. 각기 다른 색깔을 가진 십수 개나 되던 검색엔진이 어느 순간 갑자기 사라지고 단 하나만 남아 있었다. 모두가 물건을 사려고 방문하던 수백 개의 웹 사이트는 '모든 상품을 보유한 단 하나의 웹 사이트'로 개편되어 있었다. 페이스북을 하지 않는다는 것은 디지털 시대의 은둔자가 된다는 의미가 되었다. 다음번의 새로운 회사, 또는 최소한 기존 기업에 대담한 도전을 하는 다음번의 새로운 기업이란 존재하지 않았다.

안타깝게도 경쟁을 조절해야 할 정부 관료들은 1990년대가 끝났다는 것을 알아차리지 못했다. 10년 동안, 그리고 이후로도 계속해서 주요 기술 기업들을 무사통과시켰다. 심지어 확실한 경고등이 켜졌는데도 통과시켰고 반경쟁적 합병 건들도 승인해주었다. 페이스북이 대표적 사례다.

2004년 페이스북은 사업 시작과 함께 미국 내 주요 경쟁업체인 마이스페이스를 신속하게 해치웠다. 드물게 로스앤젤레스에서 성공을 거둔 기술 기업 마이스페이스는 거슬리는 광고, 가짜 사용자와 트롤troll(온라인 토론에 침투해 다른 이들의 화를 부추기고 감정을 상하게 만들면서 파괴적인 행동을 하는 사람 - 옮긴이) 문제로 엉망이 되어버렸다. 결국 페이스북은 불과 몇 년 안에 일반적인 목적의 소셜 네트워킹 부문을 일찌감치 장악했다.

2010년대 들어 페이스북은 또 다른 신생 기업인 인스타그램이 가하는 사상 최대의 도전에 직면하게 되었다. 인스타그램은 소셜 네트워크에 사진과 비디오 애플리케이션을 연결함으로써 이동전화를 이용해 빠르고 손쉽게 콘텐츠를 공유할 수 있게 했는데, 특히 젊은이들 사이에서 선풍적인 인기를 누렸다. 얼마 지나지 않아 인스타그램은 페이스북을 능가하는 장점을 드러냈다. 비즈니스 분야에 대한 글을 쓰는 니콜라스 칼슨Nicholas Carlson은 인스타그램이 '사람들이 페이스북에서 하는 일을 더 쉽고 더 빨리 할 수 있게 한다'고 말했다.[2]

사업 시작 18개월 만에 사용자가 3,000만 명을 넘어선 인스타그램은 강력한 모바일 플랫폼을 장착한 덕에(페이스북은 이 점이 약했다) 페이스북의 강력한 도전자가 될 태세를 갖춘 듯했다. 인터넷 시대의 원칙에 따르면 당시 설립 8년차인 페이스북은 이제 은퇴 수순을 밟게 될 터였다.

그런데 이야기는 예상 밖으로 진행되었다. 필연에 승복하는 대신 페이스북은 인스타그램을 사들이면 된다는 것을 깨달았다. 그래서 단돈 10억 달러에 인스타그램을 인수함으로써 생존의 문제를 제거하고 투자자들을 안심시켰다. 이에 대해 〈타임〉은 다음과 같이 기사를 썼다.

'인스타그램 인수는 투자자들에게 페이스북이 신생 경쟁기업들을 무력화시키고 모바일 생태계를 장악할 것을 심각하게 고려하고 있다는 메시지를 전달한 것이다.'[3]

지배적 기업이 도전자를 매수하려 할 때는 경고신호가 울려야 한다. 하지만 미국과 유럽의 규제 당국은 이 인수 작업에서 잘못된 점을 찾아낼 수 없었다. 미국의 분석은 비밀에 부쳐졌지만 영국 보고서는 볼 수 있었다. 항상 그래온 것처럼 분석 내용은 다음과 같았다. 페이스북에는 사진 찍기 앱이 없다. 따라서 페이스북은 소비자를 두고 인스타그램과 경쟁하지 않고 있다. 인스타그램은 광고 수입이 없다. 그러니 페이스북과 경쟁하지 않았다. 그러므로 보고서는 페이스북과 인스타그램은 서로 경

쟁하는 사이가 아니라는 특이한 결론에 도달할 수 있었다.[4]

이 터무니없는 논리를 결론으로 도출하는 데 수년간의 훈련이 필요했던 걸까. 플랫폼을 바꿔가며 쓰는 10대에게 물어보면 페이스북과 인스타그램이 경쟁자였다고 대답할 것이다. 이 정도 수준의 통찰로 2010년대에 전 세계의 정부들은 공룡 기업이 모두를 사들이고, 잠재적 위협으로 여겨지면 누구든지 매수하는 행태를 멈추기 위한 조치를 전혀 취하지 않았다.

인스타그램 사태에서 아무것도 배우지 못한 것이다. 수백만 사용자의 사용 습관을 엿볼 수 있는 앱을 이용해 페이스북은 왓츠앱WhatsApp이 심각한 위협이 될 거라고 믿기 시작했다. 왓츠앱은 세계적으로 강력한 존재감을 뽐냈고, 보안이 좀 더 철저한 메시지 중심 서비스를 제공하겠다고 약속했다. 페이스북은 190억 달러라는 어마어마한 액수에 왓츠앱 인수를 제안했다. 하지만 이것도 진정한 경고신호를 울리지 못했다.[5] 당시 많은 이들이 이 거액에 충격을 받았다. 하지만 연 수익 500억 달러가 넘는 보편화된 소셜 미디어라는 어처구니없는 독점기업을 쪼개는 데 실제로 동의한다면, 갑자기 이 액수가 말이 된다고 여겨질 것이다.[6]

페이스북은 제지를 받지 않고 전부 합쳐 90건 이상의 기업 인수를 했다. 상당히 인상적인 수치로 보이지만, 최소 270건의 인수 작업을 아무런 제약도 받지 않고 해낸 구글과 비교해서도 생각해보기 바란다.[7] 이런 방식으로 기술 산업계는 소수의 거대 트러스트로 재편되었다. 미국의 경우 검색과 관련 산업은 구글이, 소셜 미디어는 페이스북이, 온라인 상거래는 아마존이 장악해버린 것이다. 다른 경쟁기업들이 남아 있다고는 하지만 그들의 입지는 시간이 지날수록 점점 더 약해지며 가장자리로 밀려나고 있다.

이렇게 이루어진 인수 작업들은 규모가 작거나 단순한 '애퀴하이어acqui-hires'(기업이 다른 기업을 인수할 때 그 기업 직원들의 가치를 높이 사 자신의 기업으로 고용하는 것 - 옮긴이)인 경우가 다수이지만 페이스북이 인스타그램과 왓츠앱을 인수한 사례처럼 심각한 경쟁 위협을 제거한 경우도 있다. 2000년대에 구글은 구글 비디오를 장착해 꽤 잘해나갔다. 하지만 이 분야 최강의 경쟁자인 유튜브에 비할 바는 못 되었다. 결국 구글은 경쟁 규제 기구의 눈치를 전혀 보지 않고 유튜브를 사버렸다. 그리고 신생 온라인 지도 앱 회사인 웨이즈Waze가 구글에 도전할 태세를 취하자 자체 온라인 지도 프로그램으로 지배적 위치에 있던 구글은 독점을 위해 상당히 노골적으로 웨이즈를 사서 합병해버렸다. 구글은 온라인 광고 분야에서 가장 강력한 경쟁자였던 애드몹AdMob도 인수했다. 미국 정부는 애플도 상당히 진지하게 온라인 광고 시

빅니스

장에 들어올 것을 고려하고 있다는 근거로 구글의 애드몹 인수를 용인했다. (하지만 애플은 온라인 광고 사업에 뛰어들지 않았다.) 한편 아마존은 자포스Zappos, 다이퍼스닷컴Diapers.com, 소프닷컴Soap.com 같은 잠재적 경쟁자들을 인수했다.

이 일련의 인수 건들은 강압적으로 이루어지지 않았다. 그리고 인수되는 회사들 대부분이 두둑한 보상을 받은 것을 기뻐했다. 하지만 인수 작업이 우호적일수록 인수로 얻는 순수한 결과는 트러스트들의 지배 체제가 지속된다는 것이었다. 이 점은 비즈니스 언론에도 분명했다. 테크크런치TechCrunch는 2014년 페이스북의 왓츠앱 인수에 대해 다음과 같은 의견을 내놓았다.

'페이스북은 (이제) 가장 인기 많은 메시징 앱을 소유하게 되었고 동시에 전 지구적 소셜 네트워킹 지배에 가장 강력한 위협을 무력화시켰다.'[8]

또 다른 비즈니스 분석가는 다음과 같이 썼다.

'왓츠앱을 인수하지 않았다면 쿨하지 못한 페이스북은 경쟁자이자 그들보다 더 쿨하고 페이스북의 존재에 위협을 가한 메시징 앱들에 대항한 싸움에서 매우 어려운 입장에 처하게 되었을 것이다. 메시징 앱계의 선두주자를 인수함으로써 페이스북은 그 위협을 제거했다.'[9]

인수가 실용적이지 않으면 기술 기업들은 다른 방식을 택했다. 당시 마이크로소프트가 즐겨 이용한 복제하기를 예로 들수 있다. 2010년대 초반, 지역 비즈니스에 대한 평가를 올리는 앱인 옐프Yelp가 잠재적 경쟁자로 떠오르자 구글은 지역 비즈니스와 명소를 소개·평가하는 사이트를 만들어 구글 맵에 올렸다. 이런 사이트의 가치는 사용자가 올린 평가의 품질에 달려 있는데, 이 분야에 새로이 진입한 구글은 그런 것이 전혀 없었다. 그래서 구글은 옐프에 달린 평가를 훔쳐 자신의 사이트에 달았다. 옐프의 것을 본질적으로 쓸모없게 만들어버리면서 수년 동안 그들이 이룩한 작업의 결과물을 수확해간 것이다.[10]

한편 페이스북은 경쟁사인 스냅챗Snapchat의 '스토리stories' 기능을 비롯해 너무나 여러 가지 기능을 복제해 두고두고 농담거리가 되었다. 아마존은 성공한 복제 상품들의 실적 목록을 이용해 수익을 올리고 있다. 기업이 서로 복제를 해가며 배우는 것이 잘못은 아니다. 혁신은 그렇게 해서 일어난다. 하지만 진정한 개선을 추구하는 것과, 그와 반대로 복제와 배제가 반경쟁적으로 이루어지고 오로지 독점 유지가 목표인 것은 분명히 다르다. 그리고 두 가지 영역 사이에는 선이 있다. 페이스북이 경쟁사들을 염탐하거나 더 정확하게 복제할 방법을 알아내기 위해 경쟁사를 회의에 소환하거나 경쟁사의 자금 조성을 방해할 때 그들은 그 선을 넘은 것이다.

빅니스

트러스트가 처음 성행했을 때처럼 수년간 자기변호를 하는 유행이 강력하게 기업집중 현상에 파고들었다. 이로 인해 신생 기업일 때 인터넷이 이전에 추구했던 개방성과 혼돈이라는 이상을 좇은 몇몇 기업에는 다소 어색한 상황이 만들어졌다. 이제는 그것이 최선이었다는 것이다. 자연법칙이고, 독점기업들이 세상에 이로운 일을 하는 기회를 가졌다는 것이다. 독점 형태를 지지한 주요 인물들 중에 페이팔PayPal의 창립자인 억만장자 피터 틸Peter Thiel이 있다. 그는 '경쟁은 패배자를 위한 것'이라는 제목의 소책자를 쓰기도 했다. 틸은 경쟁적 경제를 '역사의 유물'이자 '함정'이라 부르며, '비즈니스가 생존을 위한 매일의 폭력적 투쟁을 초월하게 만들 수 있는 유일한 것은 독점 수익이다'라고 선언했다.[11]

거대 기술 기업들은 틸보다 조금 더 용의주도하다. 페이스북은 영향력을 미치는 세계 제국을 구축해 '세상이 더욱더 가까워지게' 만들려고 노력하지는 않는다. 아마도 '수십억 명을 연결하는 색다른 종류의 회사'가 되려는 것 같다.[12] 그런데 그 일을 제대로 하려면 전 세계를 독점해야 한다. 구글은 세계의 정보를 체계화하길 원한다. 그렇게 하려면 세상의 모든 정보에 손을 대야 한다. 아마존은 소비자에게 봉사하는 것 이상은 원하지 않는다. 그건 멋진 일이다. 당신은 언제라도 원하면 아마존에서 로그아웃할 수 있다. 그러나 절대 아마존을 떠나지는 못한다. 대형 반독점 사건의 전통에 다시 활력을 불어넣을 영역이 있는지, 나는 모르겠다.

두 얼굴을 가진 중국의 기술 산업

미국이 기술 산업계에 독점기업이 발생하도록 하고, 또한 도전자들을 매수하게 허용했다면, 중국은 그와 다른 방식을 택했다. 자국의 기술 독점기업을 적극적으로 육성하고 장려한 것이다. 한 통계에 의하면 세계 상위 20개 대형 기술 기업 중 9개사가 중국 기업이다.[13] 이 과정에서 중국 정부는 공적 권력과 사적 권력이 혼합된 사례를 발견하기도 했는데, 그 방식은 가히 우려할 만 했다.

물론 중앙계획은 중국에 전혀 새로운 개념이 아니다. 1950년대부터 1980년대까지 중국은 소련 연방의 방식에 근거해 고안된 경제 모델을 지지했고, 스탈린주의와 레닌주의를 모두 반영했다. 1960년대에 중국의 주요 기업은 대부분 국가 소유였고 대개는 독점 형태였다. 그리고 경제개발 5개년 계획이 중심이된 스탈린주의적 중앙계획 과정에 따라 누가, 무엇을 생산할지를 결정했다.

그런데 표현을 절제한다 해도 계획대로 잘되지 않았다. 재난과 다름없는 20여 년(그리고 수백만 명이 굶어 죽은 후)이 흐른 뒤, 1979년 중국은 일부만 남기고 옛 경제 모델을 대부분 철회했다. 스탈린식의 강제적인 경제계획을 버리고 사유재산과 사적 투자 금지 조치도 철폐했다. 하지만 공산당이 경제를 관리한다는 레닌의 개념은 그대로 유지했다. 따라서 경제는 자본주의지만 어떤 수준에서는 단일 정당-국가가 이를 관리하는 체제다. 이렇게 해서 중국은 강력한 국가가 강력한 민영 부문을 감독하는 무솔리니식 경제 모델을 훨씬 더 성공적으로 실행한 국가로 변모했다.

특히 중국의 기술 산업 분야는 국가가 관여하고 장려한 체제의 부산물이다. 확실히 중국은 높은 수준의 소프트웨어 엔지니어와 과학자들이 있고 기업가 문화를 갖추고 있으며, 이전 세대의 기술을 뛰어넘는 기술과 신기술을 빠르게 받아들이는 시민층을 보유하고 있다. 그리고 중국 경제의 다른 분야보다 기술 분야의 경쟁이 더 치열한 것도 사실이다. 그러나 몇 가지 유형의 국가 개입이 없었다면 중국의 기술 역량은 세계 순위에서 중간 위치에 머무는 정도가 되었을 수도 있다.

우선 한 가지 이유는, 중국에서는 대부분의 주요 미국 기술 기업이 봉쇄(페이스북, 트위터)되었거나 심한 불이익(구글)을 받고 있기 때문이다. 이런 상황과 더불어 광범위한 국가 보조(중국의 기술 산업은 정기적으로 국가 '5개년 계획'에 포함된다)가 중국 국내 거대 기업 성장의 밑거름 역할을 하고 있다. 여기에는 국영 이동전화 사업자인 차이나모바일China Mobile, 페이스북과 트위터에 해당하는 거대 소셜 미디어 기업 텐센트Tencent, 이베이·아마존·페이팔을 합친 것 같은 성격의 알리바바Alibaba, 중국의 대표적 검색엔진인 바이두Baidu(구글은 감시를 당하고 기술을 도둑맞고 있다고 염려해 2010년대에 중국에서 철수했다), 전화 단말기와 인터넷 장비를 생산하는 화웨이 Huawei 등이 포함된다.

국가가 자체적으로 경쟁기업을 배양하는 것이 나쁜 것만은 아니다. 인터넷 분야에서 수많은 국가가 이를 시도했지만 성공하지 못했다는 점이 놀랍기도 하다. 하지만 육성과 차단 사이에는 선이 있다. 국가가 어느 정도까지 자국의 독점기업들을 목적에 맞춰 사용하는지와, 정당-국가와 주요 거대 기술 기업이 어느 정도까지 서로 얽혀 있는지를 중국 사례의 특이점으로 들 수 있겠다.

예를 들어 중국의 대표적 메시징, 소셜 네트워킹 모바일 앱인 위챗WeChat은 사용자가 10억 명이 넘는다. 한 언론인은 위챗을 '왓츠앱, 페이스북, 페이팔, 우버Uber, 그럽허브Grubhub, 그리고 기타 등등을 모두 다 합친 것'이라고 설명했다.[14] 중국에서는 없으면 못 사는 단 하나의 필수 앱이 된 것이다. 위챗을 안 쓰면 중국에서는 은둔자의 삶을 살아야 한다. 많은 사람들이 스스로를 위챗으로 '살아간다'고 말한다.

민영기업이지만 위챗과 텐센트(위챗의 모회사다)는 중국 정부와 점점 더 가까워지고 있다. 텐센트는 2018년 중국의 공식 '인공지능AI 기업들' 중 하나로 이름을 알렸는데, 지속적으로 다양한 형태의 크고 작은 정부 보조금을 받고 있다.[15] 이 회사는 양방향으로 특혜를 받고 있다. 최근 들어 중국 정부는 위챗에 국가 신원 확인 시스템을 통합시킬 계획을 발표했다. 또한 제기된 비난을 부정하고 있지만 중국에서는 범죄자부터 잠재적 반체제 인사 등의 감시 도구로 위챗이 사용된다고 알려져 있다. 위챗 메시지에 근거해 사람들이 체포된 기록이 있다.[16] 세계 인권 기구인 국제앰네스티Amnesty International가 세계 주요 기술 플랫폼의 사생활 감시 관행을 조사했는데, 텐센트는 100점 중 0점으로 최하위를 기록했다.[17] 이것이 중국의 기술 산업 경제가 보여주는 양면적 모습이다.

이 글을 쓰고 있는 시점을 기준으로 중국은 국내 기술 분야를 완전하게 개발시킨 몇 안 되는 국가 중 하나다. 하지만 정부가 관련 기업들을 점점 더 적극적으로 통제·감독하고 있는 상황에서 중국이 일본의 1980년대, 1990년대와 똑같은 상황을 맞이하게 되지 않을까 의문이다. 이 세대의 기술 기업들이 너무도 견고해져서 국가 산업처럼 변하게 될까? 몇 가지 면에서 중국은 당의 지도력이 기술 산업의 미래를 예측할 수 있기를 바라고 있다. 그래서 '차세대 인공지능'과 비슷한 기술에 크게 투자하며 많은 것을 걸었다.

최소한 지금은 이러한 행보가 많은 사람들에게 아주 멋진 아이디어로 보일 수 있다. 하지만 1980년대에 일본이 슈퍼컴퓨터가 기술 산업의 미래라고 확신하고 많은 것을 걸었던 점을 기억할 필요가 있다. 역사는 하나에 너무 많은 것을 걸면 위험하다는 것을 보여준다. 혼란스러운 면이 있지만 지금까지의 세계에서 가장 안정적인 경제 형태를 유지하게 만든 경쟁이 존재하는 생태계에 반해 소수의 기업에 크게 의존한 경제가 야기했던 위험 말이다.

이겨야 하므로 우리를 보호해달라

미국의 기술 산업을 이끄는 지도자들이 그들의 기업 해체를 받아들이지 않았다는 사실은 놀라운 일이 아닐 수 있다. 그들이 제시한 쟁점 중 특히 눈여겨볼 가치가 있는 것은 다음과 같다. 기술 산업계에 중국의 지배력에 대한 두려움이 일었고, 미국이 다시 국가 대표급 기업을 키워야 하며, 기술 독점 해체를 요구했던 이전 전통과도 결별해야 한다는 것이다.

페이스북의 마크 저커버그Mark Zuckerberg와 다른 기술 산업계 지도자들은 업계의 경쟁이 더욱 활성화되길 원하는 이들에게 엄중히 경고했다. 그들의 논리는 이렇다.

'우리가 실수를 저질렀다는 것을 안다. 설령 우리가 현재의 거대 기술 기업들에 피해를 입혔다고 해도 미래를 중국에 건네주고 있다는 것을 모르겠는가? 우리와 달리 중국 정부는 자국 기술 기업의 뒷배를 봐주고 있다. 경쟁이 전 지구적으로 진행되고 있는데, 이기고 싶기 때문이다.'[18]

그리고 여기에 페이스북과 구글 같은 기업은 최소한 캘리포니아에서 진보적 이상과 민주적 가치에 근거하여 설립되었다고 보태는 사람이 있다. 중국이 지배하는 미래가 우리가 소중히 여기는 개인의 권리에 더 해롭다고 주장하면서 말이다.

이것이 거대 기술 기업이 주장하는 '대마불사大馬不死'의 논리인데, 피상적이며 국수주의적이다. 하지만 '우리 대 그들' 구도를 믿는 사람들, 동서 대결이 필연적이라고 주장하는 사람들을 끌어당길 만하다.

중국의 기술 분야는 성장하고 있다, 그들은 공격적이고 경쟁적이며 수많은 기업이 중국 정부의 비호를 받고 있다, 이는 전 지구적 지배를 위한 세계 경쟁을 시사하는 것으로 보인다, 그러므로 미국은 기업 해체나 규제를 하지 말고 '좋은 기업들'을 보호하고 보조하기 위해 할 수 있는 모든 일을 해야 한다고 말하는 것 같다.

그러나 이런 관점을 받아들이는 것은 판단 착오다. 무엇보다도 서구나 미국의 독점기업들이 중국 기업들보다 더 낫다거나 덜 위험하다고 판단할 원칙적 근거가 없다. 지난 200년간의 역사를 돌이켜보면 악당이 수없이 많았다. 또한 앞서 우리가 이 책에서 논의했듯, '국가 대표'에 중점을 두고 산업정책(특히 기술 산업 분야에서)을 결정하는 어리석음을 범하며 어렵게 얻은 교훈을 배신하고 무시하는 행위다. 페이스북이 실제로 요구하는 것은 서구 사회가 만든 자체 소셜 미디어 독점기업으로서 해외에서 전투를 벌이고 있으니 자기네 회사를 수용하고 보호해달라는 것이다. 하지만 역사와 기초 경제학은 사실상 치열한 경쟁이 소비자에게 제공할 수 있는 것의 측면에서, 그리고 기술적으로도 기업을 더 나아지게 만든다고 믿는 게 낫다고 말한다.

정부가 페이스북, 구글, 그리고 애플 같은 기업을 수용하는 행위에 잠재되어 있는 진정한 위험을 무시해서는 안 된다. 페이스북과 구글을 같이 놓고 보자. 이 두 기업은 지구상의 그 어떤 단체나 조직보다 더 많은 개인 정보를 보유하고 있다. 페이스북과 구글의 능력을 합하면 그들은 집단으로서 확실하게 선거에 영향을 미칠 수 있다. 선거를 결정하는 수준은 아니라도 아슬아슬한 상황에서 표 차이에 영향을 줄 수 있다. 만약 그런 힘이 영원히 공직을 장악하려 마음먹은 단체나 조직의 손에 넘어간다면 그 결과는 정말 무시무시할 수 있다. 기술이 국가를 돕는 의무를 수행한다는 전혀 해로울 것 없어 보이는 생각에서 시작될 수 있는 것이다. 하지만 지난 세기 독점의 역사를 참고하면 사실상 이는 노예의 길로 향하는 것이다.

기술 산업 분야의 이야기가 비단 미국과 중국에만 국한되지는 않는다. 이스라엘, 일본, 대만, 그리고 스칸디나비아 반도 국가들을 포함한 예외에 해당되는 소수의 국가를 제외하고 국내에서 진짜 의미 있는 중요한 기술 산업을 성공적으로 개발한 나라는 거의 없다. 국내 독점기업뿐 아니라 완전히 국제화된 독점기업에 의해 세상이 지배되는 것은 매우 이례적이다. 나머지 세상에 이런 질문을 하고 싶다. 과연 모든 비교우위가 오로지 미국과 중국에 달려 있다고 생각하는가? 앞으로의 10년 동안 좀 더 공평하게 부를 분배하려면 세상의 더 많은 국가와 사람들이 '모든 것을 먹어치우겠다'고 위협하는 산업에서 공평한 분배를 이룰 방법을 찾아야만 한다.

거대함의 저주에서
어떻게 풀려날 것인가

이 책이 경고하는 바는 선명해졌다. 현재 진행 중인 전 지구적 기업집중 현상에 어떤 조치를 취하지 않으면 우리는 20세기에 벌어진 가장 위험한 실수를 반복하게 될 것이다. 전 지구적 독점기업의 지배력이 불안을 더 많이 조장하고, 급진적이며 국수주의적인 지도자들을 더욱 지지하고, 그보다 더 나쁜 결과를 초래할 것이라고 생각할 만한 근거가 아주 많다.

그렇다면 무엇을 어떻게 해야 할까? 간단한 답은 없다. 하지만 사적 권력의 언저리만 만지작거리는 수준이 아니라 확실하게 제동을 걸고 해체하는 데 전념하는 의제가 없는 것이 현실이다. 법적 타당성으로 무장하고 최고의 경제적 수단을 사용할 수 있으며 법 집행 당국, 판사, 그리고 업계 자체가 활용할 수 있는 의제를 내놓지 않고서 변화를 요구하는 것만으로는 충분치 않다. 마지막 장에서는 그런 의제를 만드는 것에 대해 논의해보겠다.

합병 통제

전 지구적 반독점 프로그램이 갖춰야 할 가장 중요한 것들 중 단 하나만 꼽으라면 그것은 국가와 세상이 합병에 접근하는 방식을 바꿔야 한다는 것이다. 이론적으로 수많은 선진국이 독점과 촘촘한 과점의 출현을 막기 위해 강력한 제한을 두었다. 예를 들어 1950년 미국의 반독점법은 장벽을 세워 '밀려오는 기업집중의 높은 파도'를 막음으로써 '여전히 시작 단계의 상거래에서 경쟁이 줄어들 때 합병을 저지할 힘'을 제공하고자 했다.[1] 합병을 평가하는 유럽의 관계 당국은 '지배적 위치를 만들거나 강화'해 '효과적인 경쟁을 심각하게 방해하는 집중 현상'을 발생시키는 합병을 방지하는 일을 하게 되어 있다.[2]

하지만 합병 통제는 사실상 이런 의도와 멀리 표류하며 법을 조롱거리로 만들고 있다. 관계 당국은 오랫동안 가격 결정에 대한 집착에 영향을 받은 나머지 합병 통제라는 표현을 법전에 없는 다른 무엇으로 해석했다. 즉 합병 이후 가격이 올라간다는 확실한 증거의 제출을 요구 사항으로 두는 것이다.

'열매를 보고 그들을 알게 되리라'라는 말이 있다. 결론적으로 20여 년간 주요 선진국의 합병 관련법은 반경쟁적 합병의 세대를 저지하는 데 완전히 실패했다. 미국과 유럽 둘 다 명백하게 경쟁을 줄여버리고 큰 혜택도 없이 노동자와 공급자를 압박하는 합병을 용인하는 죄를 저질렀다.

수많은 최악의 사례를 미국에서 발견할 수 있다. 예를 들어 미국 전역의 많은 병원이 합병되면서 비용은 더욱 올라가고(미국의 보건 시스템 비용은 이미 세계에서 가장 비싸다), 환자 생존율을 측정했을 때 실적은 더 나빠졌다. 다시 말해 환자는 비용을 더 많이 내지만 사망은 더 많이 발생한다는 의미다.

유럽도 책임에서 벗어날 수 없다. 유럽은 너무 쉽게 무르고 약해지는 나쁜 습관이 있다. 유럽위원회는 명백하게 합병을 막지 않았고, 그렇게 해서 확실한 독점이나 치열한 과점이 생기도록 내버려두었다. 2016년 유럽은 세계 최대의 맥주 회사인 앤하이저부시 인베브와 SAB밀러의 합병을 허용했다. 그래서 우리는 100여 개국에서 500개 이상의 맥주 브랜드를 관리하는, 벨기에에 본사를 둔 전 지구적 맥주 독점기업이 탄생하는 것을 목격했다. 너무나 충격적인 합병이어서 미국 법무부는 최

소한 미국 내에서라도 이를 봉쇄했다.[3]

유럽의 당국은 타협이 이루어질 것을 감안해 추정을 근거로 합병을 승인한다는 아이디어를 종종 너무 편안하게 받아들이게 되었다. 인정하건대, 2019년 독일 지멘스의 철도 분과와 프랑스의 알스톰Alstom이 합병해 기차 제조업에서 단일 독점을 형성하려던 것을 포함해 몇 가지 눈에 띄는 합병 건을 유럽위원회가 막은 것은 사실이다.[4] 하지만 좀 더 일반적으로 보면 유럽에서는 미국도 허용하지 않았을 종류의 합병이 너무 많이 이루어졌다.

최신 기술 분야도 자체 문제가 있다. 그리고 유럽과 미국 둘다 반복적으로 이 분야의 반경쟁적 합병을 막는 데 실패했다. 미래의 경쟁자 또는 신생 경쟁자를 제거하기 위해 계획된 합병은 너무 추측에 근거한다는 이유에서 자주 무시되었던 것이 사실이다. 미국과 유럽의 관련 기관들이 페이스북과 구글이 잠재적 주요 경쟁자들을 사들이게 내버려둔 이유가 바로 여기에 있다. 혁신과 역동적 효과는 측정하기가 더 힘들기 때문에 적절히 고려되지 않았다.

한 가지 확실한 해결책이 있다. 합병 기준을 훨씬 더 어렵게 만들면 된다. 특히 업계를 재편할 수 있는 100억 달러 이상 규모의 대형 합병은 더욱 높은 기준을 맞추게 하는 것이다. 대형 합병이 미치는 영향력을 고려할 때 그들에게 똑같은 기준을 부과해야 할 이유가 없다. 대신 합병을 제안하려는 주체들에게 합병으로 인해 가격이 올라가지 않을 것이며, 혁신을 억누르거나 공공에 해를 끼치지 않을 것임을 증명하라는 부담을 안긴다. 또한 의심스러운 합병은 일종의 '가석방' 상태로 묶어둔다. 즉 5년 후 재조사해서 명백한 반경쟁적 행위가 적발되면 해체하는 것이다.

하지만 이러한 일련의 국내 조치는 전 지구적 독점을 다루기에 충분치 않다. 일련의 전 지구적 인수를 통해 단일 국가의 권한이나 통제를 넘어서는 힘이 만들어질 수 있다. 제2차 세계대전 이전의 국제 카르텔처럼 전 지구적 독점은 자체적 주권 비슷한 것 안에 서식하며 작은 정부에 비견되거나 그것을 능가하는 힘을 가질 수 있다. 따라서 전 지구적 독점과 싸우려면 국민들을 대표하는 새로운 형태의 국가 간 협력체제를 구축해야 한다.

시장조사와 집중 배제

2007년 영국은 '시장조사'로 알려진 방법을 이용해 런던과 에든버러 지역 공항들의 경쟁 조건을 연구했는데 히드로Heathrow, 가트윅Gatwick, 스탠스테드Stansted, 그리고 다른 4개 공항이 합작해 만든 공동 소유제는 필요하지 않으며 공공서비스가 제대로 제공되지 않고 있다는 결론을 내렸다. 영국 정부는 해체를 제안해 주요 공항, 특히 히드로, 가트윅, 스탠스테드가 서로 경쟁하게 만들었다.[5] 공항 측의 거센 저항에 맞닥뜨려 법정에서 치열하게 싸우는 동안 널리 환영받을 만한 결과가 도출되었다. 서비스 품질이 더욱 높아지고 다양한 방법을 통해 효율성도 더 나아진 것이다.

더 많은 국가가 영국과 같은 시장조사법을 채택해야 한다. 그러려면 일단 어떤 기업이 최소 10년 이상 지속적으로 어떤 시장을 지배하고 있는 상황이 선행조건이 되어야 한다. 시장이 곧 치유될 것 같지 않고, 현재의 산업구조를 경쟁 측면에서, 그리고 공공의 이익 측면에서 확실하게 정당화하기 어려울 때, 그리고 시장의 힘이 상황을 스스로 개선할 것 같지 않음이 증명될 때 등이 전제가 된다. 실제로는 관련 기구가 과도하게 집중되어 있는 산업을 조사하고 행정절차를 통해 해결책을 추천하며, 그 해결책을 채택하고 사법적 평가를 거치게 한다. 오래되고 정체되어 있지만 특별히 잘못되거나 공격적이지 않은 독점기업 또는 2개 업체의 독점 상황을 개선하는 데 효과 좋은 도구로 시장조사를 사용할 수 있다.

빅니스

대형 사건의 부활과 기업 해체

미국식 '트러스트 해체' 전통은 오래된 독점기업을 주기적으로 조사하고 해체할 것을 요구했다. 그런데 그런 전통이 사라졌다. 대형 사건을 부활시켜 해체를 통해 지대한 업계 재편을 모색할 때가 되었다. 해체를 해서 얻는 커다란 이점은 제대로 이행할 경우 명백한 효과를 거둘 수 있다는 것이다. 해체를 통해 관련 산업이 주는 이득을 완전히 재배치할 수 있고, 효과가 극대화한다면 침체된 산업을 역동적으로 변화시킬 수 있다.

세상의 대부분이 기업 해체를 너무 주저하게 되어버렸다. 유럽인과 일본인, 심지어 지금은 미국인들조차 종종 기업 해체와 해산을 아예 논외로 두거나 극단적인 사례에만 드물게 고려할 뿐이다. 경쟁 복원을 목표로 하는 매우 합리적인 해결책을 선호하는 경향은 있지만 실제로는 거의 일어나지 않는다.

유럽의 관리들은 먼저 (특히 기술 분야에서) 중대한 사건에 문제 제기를 하곤 했다. (부러움을 살 만한 성향이다.) 유럽은 기술 분야에서 미국의 기술 산업계를 감독하는 중요 감시자가 되었다. 크게는 구글 관행에 대한 사례부터 그보다 작고 덜 노출된 문제들, 예를 들면 애플이 아이폰 플랫폼에 의존하는 경쟁사들을 어떤 식으로 다루는지 감독하는 사안을 포함해 유럽이 현재 '거대 기술 기업'에 대한 정밀 조사를 이끌고 있다는 사실은 칭찬받을 만하다.

하지만 유감스럽게도 그들은 시작은 했지만 제대로 마무리 짓지 않고 있다. 일례로 유럽은 수년간 마이크로소프트를 추적했지만 (미국인들이 했듯) 기업 해체를 목표로 삼지는 않았다. 대신 유럽은 윈도우 미디어 플레이어의 지배력에 초점을 맞춘 해결책을 내놓았다. 그래서 시스템을 설치할 때 마이크로소프트가 사용자에게 마이크로소프트의 윈도우 미디어 플레이어가 아닌 다른 것을 선택할 수 있도록 옵션을 주라고 지시했을 뿐이다. 하지만 마이크로소프트를 사용하면서 다른 미디어 플레이어를 선택하는 사람은 없었다. 결국 실패한 해결책의 전형인 것이다.[6]

미국에서는 기업을 인격화하는 법인과 관련된 법적 의제를 너무나 신중하게 받아들이다 보니 기업 해체에 대한 저항이 강하게 일어난다. 그런데 현실에선 기능적으로건 지역적으로건, 아니면 이전에 인수되어 독립적으로 운영되었건 간에 대기업은 세분화된 단위로 구성되어 있다. 그래서 가끔은 요구되는 대로 해체와 분할 작업을 관리하는 것이 불가능하지 않다. 이런 까닭에 수많은 기업 해체가 현재의 비즈니스 관행에서 드물지 않게 이루어지는 기업 분리 또는 해산 형태와 유사하다.

같은 논리로 완료된 합병에 대한 소급 적용 방안을 제안할 수 있다. 즉 합병이 완료된 후 몇 년이 지난 다음 해산 작업을 시작하는 것이다. 지난 몇십 년간 미국의 관련 기구들은 완료된 합병에 대한 조사량을 어느 정도는 늘렸는데, 이는 환영할 만하다. 이때의 기본 전제는 합병의 실질적 효과는 그 어떤 예측보다 더욱 정확하게 평가될 수 있다는 것이다. 완료된 합병 중 일반 대중에게 악영향을 미치게 된 사례를 목표로 삼는 것은 법의 반독점 정신에서 많은 부분을 차지한다.

인스타그램, 그리고 왓츠앱과의 합병을 재평가해서 페이스북의 해체를 고려한다고 가정해보자. 의심할 여지 없이 페이스북은 그런 식의 해산에 반대할 것이고 새로운 경쟁을 달가워하지도 않을 것이다. 이때의 사회적 비용이 얼마나 클지는 설령 발생한다 하더라도 알기가 어렵다. 그런데 이런 회사들을 합쳐서 상당한 사회적 효율을 얻을 수 있을까의 여부도 확실하지 않다. 반면 소셜 미디어 업계에 다시 경쟁이 도입된다면, 아마도 사생활 보호가 더욱 보강되는 것과 같이 측정할 수 있는 품질 경쟁이 도입된다면, 일반 대중에게는 아주 큰 의미가 있을 수 있다. 단일 플랫폼에 의사 표현의 힘이 너무도 많이 집중되어 있는 등 비경제적 분야의 우려에 대해서는 아직 건드리지도 못했다.

기업을 분할하려는 노력은 언제나 반대 세력, 특히 목표가 되는 해당 기업의 저항에 맞닥뜨릴 것이다. 기업을 해체하면 실질적 결과가 따라온다는 점에 대해서는 아무도 이의를 제기할 수 없다. 기업 해체를 제대로만 실행하면 침체된 산업을 개혁하고 새로운 경쟁자가 진입하도록 영감을 불어넣으며 업계의 판을 다시 짤 수 있다. 가장 이상적으로 실현될 경우 한 국가의 정치와 경제의 성격 자체를 바꿀 수 있다. 정치를 심하게 통제하는 산업들을 쪼개어 힘을 약화시킨 뒤 별개의 개체로 만들면 가능한 일이다. 기업 해체는 또한 국가 경제에 사형선고를 내리는 것이 아니다. 역사상 가장 야심 찬 일련의 기업 해체 작업을 통해 독일과 일본의 경제는 확 바뀌었다. 그런데 이후로도 두 국가는 더 나은 모습을 유지하고 있으며 세상에서 가장 잘 사는 나라들이다.

명확한 목표 설정

가격과 미시경제(이런 것이 사람들에게 가장 중요한 문제인 양)에 한정해 좁게 초점을 맞추지 않으면 반독점이 의도하는 경제·정치적 역할을 완전하게 회복할 수는 없다고 생각하는 데에도 나름의 이유가 있다. 그러나 이 책이 밝히고자 한 것은 사적 권력이 경제와 정치에 긴밀하게 유착되고, 독점이 배양되면 잃는 것이 매우 많고 민주주의가 위험해질 수 있다는 것이다.

그럼에도 불구하고 많은 국가가 시카고학파의 '소비자 복지' 개념을 법의 금과옥조라도 되는 것처럼 받아들이고 다른 것은 중요하지 않다고 여겼다. 이제는 그런 생각을 버려야 한다. 그 기준은 실패했다는 것을 받아들이고 반독점법이 전통적으로 우려해왔던 문제의 범위를 제대로 돌아보는 체제를 수용해야 할 시간이다.

질서자유주의나 브랜다이스 사상을 믿는 사람들은 무엇을 어떻게 할까? 개인적으로 나는 '경쟁 보호' 시험을 지지한다. 이것은 국가가 경제의 '정원사' 역할을 하는 모델로, 건강한 경쟁 과정과 시장 기능을 보호하고자 한다. 이 모델은 건강한 시장 시스템을 전복시키려 하거나 남용하는 요소를 국가가 제거하도록 요청한다. 이런 종류의 분석은 기존의 분석들보다 경쟁 과정의 역학을 더 많이 포착하기 위해 노력하고, 정치적 고려 사항도 연관되어 있음을 보여준다. 브랜다이스가 경쟁을 억압하는 모든 것에 대해 쓴 글에 그 의도가 아주 잘 드러나 있다.

'적법성을 가늠하는 진정한 시험은 부과된 규제가 단순한 조절이라서, 그럼으로써 아마도 경쟁을 장려하는 것인지, 아니면 경쟁을 억제하거나 심지어 파괴하는 것인지의 여부이다…….'[7]

독점 수익의 재분배

수많은 국가가 주요 산업에서 독점이나 촘촘한 과점을 받아들였다. 나는 이것이 장기적인 관점에서 지혜롭지 못하다고 생각한다. 그보다 더 넓은 생태계를 선택하는 것이 타당하다. 국가가 독점 수익 체제를 수용하려면 기본적으로 대중에게 폭넓게 재분배해야 한다는 훨씬 더 큰 의무도 받아들여야 한다.

그런데 지금은 사실상 정반대로 움직이고 있는 상황이다. 대부분의 유럽 국가는 법인세를 징수하지 않고 있으며, 미국은 법인세를 인하했다. 전 세계 1위 기업인 아마존은 수익에 대해 세금을 단 한 푼도 내지 않으며, 오히려 미국 연방정부로부터 돈을 받고 있다.[8]

이미 더 많이 가진 자에게 더 주는 정책은 이 책에서 우리가 논의한 바와 같이 위험한 방향으로 흐를 가능성이 높다. 따라서 방만할 정도로 사적 권력의 집중을 용인하고 그들이 너무나 많은 수익을 가져가게 내버려두는 이 시대에 재분배에 대해 깊이 있게 다시 생각해봐야 한다.

이 책이 우리가 살고 있는 이 새로운 대호황 시대가 만들어내는 모든 경제적 도전을 해결할 의제를 제공하지는 않는다. 하지만 무언가 조치가 취해져야 한다고 요청한다. 구조가 중요하다는 것을 인식하고 역동성과 가능성을 소중히 여기는 경제의 비전을 갖자고 호소한다. 그래서 궁극적으로 경제구조를 민주적 사회에 맞도록 조율하고자 한다.

영국의 대헌장, 미국 헌법, 리스본 조약, 유엔헌장은 모두 힘은 반드시 제한되어야 한다는 개념에 근거해 만들어졌다. 힘은 재분배되고, 분권화되고, 견제되며, 균형을 잡아서 특정 개인이나 기관이 책임지지도 않는 영향력을 행사하지 못하게 만들어야 한다.

그런데 여기에는 결정적으로 결함이 있다. 정부 독재에 대항하기 위해 결의된 앞선 조약과 협약 등은 공적 권력에 비견할 만한 사적 권력이 집중될 가능성, 정부 관리보다 비즈니스를 하는 사람들이 더 큰 영향력을 가질 가능성, 법에 의해 만들어진 인공적 산물인 기업이 진짜 인간보다 더 정치적으로 보호받게 될 가능성은 숙고하지 않았다. 그리고 국민국가보다 더 강력하며 전 지구적으로 집중된 기업에 대해서도 심각하게 고려하지 않았다.

민주주의를 위해 투쟁하려면 사적 권력의 통제로 방향을 바꾸어야 한다. 사적 권력 그 자체, 그리고 정부의 힘에 영향을 미치고, 또한 정부의 힘과 결탁한 그들과 싸워야 한다. 루이스 브랜다이스는 진정한 민주주의는 자유와 안전으로 구성되어 있으며, 사람이 경제적으로 어느 정도 동등한 나라에서 융성할 수 있게 하는 것이라고 보았다. 이러한 균형을 제대로 성취하기란 매우 힘든 도전이 될 것이다. 우리가 한 가지 아는 게 있다면, 우리가 진보의 전리품을 보호하는 영역 혹은 인간 번영을 이루는 경제적 안전지대 같은 것에서 아주 멀리 떨어진 곳까지 표류해왔다는 것이다.

빅니스

| 감사의 말 |

작업을 끝낼 수 있도록 애써주신 분이 아주 많다. 내 책의 편집자인 제임스 펄포드James Pulford, 대리인 티나 베넷Tina Bennett, 피오나 베어드Fiona Baird, 그리고 스베틀라나 카츠Svetlana Katz, 원고 교열자 데이비드 잉글스필드David Inglesfield, 연구 보조원 힐러리 L. 허블리Hillary L. Hubley, 피터 크래머Peter Cramer, 그리고 테일러 서튼Taylor Sutton, 이분들 모두에게 감사의 말씀을 전한다. 사랑하는 아내 케이트Kate와 두 딸, 시에라Sierra와 에시Essie에게도 고마운 마음을 표한다. 가족의 도움과 격려 덕분에 이 책이 훨씬 더 빨리 나올 수 있었다.

이 책의 원제 'The Curse of Bigness'의 사전적 의미는 '거대함의 저주'다. 투박한 직역으로 느껴질 수도 있지만 책의 메시지를 명징하게 드러내는 표현이라고 할 수 있다. 저자 팀 우는 '빅니스bigness'란 기업집중 현상으로 인해 사적 권력, 좀 더 구체적으로 경제 권력이 비대해진 상태를 말하며 그것이 결국 저주와 같은 결과를 낳았다고 주장한다. 그리고 이를 증명하기 위해 통계나 논문이 아닌 20세기의 역사에 주목한다.

이 책은 독점에 진력하는 기업 활동으로 인해 부의 집중과 거대한 사적 권력이 형성되었고, 국가라는 체제가 그것을 얼마나 효율적으로 견제해왔으며, 그 억지력이 약해질 때 무슨 일이 벌어졌는지를 역사를 참고해 경각심을 가지라는 메시지를 던진다.

국가가 산업별 거대 기업의 규모와 힘을 제어하지 못하고 세계화의 미명 아래 가장 강력한 기업들에 오히려 보조금을 지급하면 어떤 일이 벌어질까?

가장 치명적인 부작용으로 부가 터무니없이 한쪽으로 집중되었고 부의 불평등은 극심한 양극화로 이어지며 심각한 사회 불안을 야기했다. 불안한 사회와 시민들은 정치 지형을 변동시켰고 과격화로 치달았다. 중산층이 무너지며 반감을 품었고 불안감에 함몰된 나머지 급진적 해결책을 지지했다. 이것이 가장 극단적으로 나타난 사례가 1930년대의 독일이다.

히틀러와 나치당은 합법적으로 독일의 정권을 인수받아 이후 전 세계를 파멸적 재앙과 대학살의 장으로 끌고 들어갔다. 우리가 익히 알고 있는, 뼈아픈 역사가 펼쳐지기까지 경제와 산업 분야에서 무엇이 그것의 자양분이 되었는지 이 책을 통해 확인할 수 있다. 이 책은 그 자양분의 고갱이는 부의 집중을 효과적으로 억제하지 못하는 현상이라고 말한다. 경제 독재를 허용하면 결국 자유민주주의를 붕괴시키며 정치 독재로 나아가게 된다고 경고한다.

이 책은 여덟 개의 장과 결론으로 구성되어 있다. 각 장을 간략하게나마 살펴보자.

제1장은 부의 집중으로 인해 발생한 거대 기업이 갖는 문제점에 대한 고전적 해결책을 역사에서 찾고자 한다. 수많은 사건으로 점철된 20세기 전반의 역사가 21세기인 현재와 묘하게 겹쳐지는 부분을 지적한다. 부의 집중으로 인해 심화되는 양극화와 경제적 고충으로 분노하는 대중, 그들에게 영합하는 포퓰리즘, 민족주의의 발흥, 여전히 '국가 대표' 기업을 선호하는 세계적 경향에 민주주의는 위태로운 지경에 이르렀다. 그 사례 중 하나로 브라질이 자국의 육류 가공 기업 JBS를 적극적으로 육성하다가 국가 경제와 민주주의까지 심각한 손상을 입은 이야기가 소개된다.

제2장은 제2차 세계대전 이전의 독일과 일본의 상황을 살펴보면서 1930년대에 파시즘과 군국주의로 치달은 독일과 일본의 사정을 깊숙이 들여다본다.

제3장은 반독점 투쟁에 헌신한 노력에 대해 알아본다. 미국의 법학자 루이스 브랜다이스가 제시한 개념, 유럽의 질서자유주의 이념을 주창한 학자들과 질서자유주의가 전후 유럽에 미친 영향을 조명한다.

제4장은 영미권의 반독점 전통이 부의 집중을 효과적으로 견제하면서 찬란한 번영을 누린 시대를 소개한다. '반합병 조례'를 만들어낸 미국과, 유럽에서 전후 반독점법에 대한 관심

이 널리 퍼지는 데 중추적 역할을 한 서독, 미군정이 지배한 전후 일본의 '반자이바쯔 프로그램' 가동에 대해 알아본다.

제5장은 1940년대 이후 전 세계적으로 반독점법이 이룬 성과와 실패를 들여다본다. 1980년대 미국과 유럽에서 일어난 일련의 기술 기업들, 즉 IBM, AT&T, 마이크로소프트의 독점과 이를 해체하기 위한 노력을 이야기한다.

제6장은 기업집중과 사적 권력 강화의 이론적 토대가 된 신자유주의 이론과 주창자들, 그 영향력에 대해 자세히 알아본다. 1990년대 들어 전 세계 국가들이 고삐 풀린 자본주의가 나쁜 결과를 낳았음을 받아들이고 유럽과 미국의 선례를 따라 반독점 정책을 시행했지만 희한하게도 반독점 전통은 점점 동력을 잃게 되었는데, 저자는 질서자유주의가 힘을 잃고 신자유주의가 득세했기 때문이라고 진단한다.

제7장은 전 지구적으로 집중 현상이 일어나고 있는 산업계의 현황(안경류, 맥주, 화학약품업, 종자 산업, 항공업, 통신, 제약업 등)을 소개한다.

제8장은 기술 산업계를 자세히 다룬다. 산업 특성상 독점이 불가능해 보였던 기술 산업계에서 구글, 페이스북, 아마존 등이 어떻게 공룡 기업으로 성장할 수 있었는지를 알아보고 중국의 기술 산업계도 살펴본다.

마지막 장에서는 '거대함의 저주를 풀 마법'을 모색한다. 공

　　　　　빅니스

평하게 부를 재분배하려면 어떤 방법이 효과적인지를 고민한다. 이제 전 세계의 민주주의는 더 나은 대안을 마련해야 한다. 그러지 않으면 민주주의가 절멸할 수도 있다. 그것을 전제로 부의 집중으로 인해 축적된 거대함의 저주를 풀 프로그램을 소개한다. 합병에 접근하는 방식을 달리하고, 시장조사를 실시하고 집중 배제를 실천하며, 적극적으로 독점 기업 해체에 힘쓰고, 독점 수익을 어떻게 재분배할지 고민할 것을 주문한다.

우리도 신자유주의 이념으로 무장한 거대 세력에 의해 처절하게 초토화되었던 적이 있다. 우리는 나라의 근간을 바꿔버렸다고 말할 만큼 큰 영향을 준 사건을 1997년에 경험했다. 외환보유고 관리에 실패한 대한민국 정부가 국가부도 사태에 직면해 IMF(국제통화기금)에 외화를 빌리게 되었고, IMF는 그 대가로 혹독한 조건을 달고 자신들이 원하는 방식으로 그것을 반드시 이행하게 만들었다.

1997년의 외환위기와 IMF의 구제금융 사건처럼 크고 강력한 경제·사회적 현상에는 복잡하고 다층적인 요소가 혼재되어 있다. 따라서 어느 한 측면만 보고 평가해서는 안 된다. 순기능과 역기능이 함께 얽혀 있기 때문이다.

하지만 개인 차원에서 그 엄청난 사건을 경험한 지극히 주관적인 견해도 얼마든지 표현할 수 있을 것이다.

1997년에 벌어진 IMF 사태는 나 자신의 삶에도 분명 영향을 미쳤다. 당시 브라운관용 유리를 주로 제작하는 재벌 기업의 계열사에서 계약직 사내 번역사로 일하던 나는 구조조정의 여파로 1998년에 일자리를 잃었다. 대량 정리해고, 명예퇴직, 치솟는 자살률 등 TV에서 연일 쏟아지는 흉흉한 뉴스의 대상이자 무수한 피해자 중 한 명이 된 것이다. 세상이 무섭게 돌아가고 있었지만 한창 젊었던 나는 그다지 개의치 않았다. 애초에 프리랜서의 삶에서 안정성을 바라는 것 자체가 모순임을 알고 있었기 때문이다. 그리고 대학원에 진학하기 위해 1999년에는 아예 공부에만 매진하기로 마음먹었다. 미래를 위한 계획의 실천이었지만 혹독한 현실을 외면하며 아주 살짝 비켜서고 싶은 심리도 있었던 것 같다.

그 뒤 우리는 4년 만에 IMF에서 받은 빚을 모두 상환했다. 그리고 또 20여 년이 흘렀다. 2020년의 대한민국은 꽤 잘나가는 것 같아 보인다. 적어도 수치상으로는 그러하다. 선진국 기준을 말할 때 맨 처음에 인용되는 1인당 GDP(국내총생산)를 보면, 2018년 대한민국은 IMF 기준 세계 12위이고 1인당 GDP는 3만 2,774달러라고 한다. 1997년 1만 달러 정도에서 외환위기와 IMF 관리 체제를 조속히 끝내고 이만큼 성장한 것을 자랑스레

떠들어대는 목소리가 자주, 많이 들리곤 한다.

그런데 역설적이게도 국가부도 사태를 온몸으로 받아내고 희생과 인내를 감내한 국민 대다수의 삶은 더 팍팍해졌다. 수치와 체감되는 현실의 괴리감이 너무나 크다. 개인 차원의 삶에서 가장 피부에 와닿는 현실은 결국 1997년에 IMF 체제를 겪으면서 무엇보다 우리 사회에 비정규직이 양산되어 고착화되었고, 양극화가 극심해졌다는 것이다. 불안감은 늘 상주하는 감정이 되어버렸고 무엇보다도 사람들은 부의 재분배 문제에 민감하다. 무척이나 불만스러워한다. IMF 때 힘 모아 빨리 나라 빚을 갚자며 눈물겹게 금 모으기 운동을 벌였고, 22억 달러를 모아 나라 빚을 갚는 데 일조한 사람들의 사회에 지금은 갈등과 불안이 금방이라도 터질 것같이 빵빵하다.

거칠게 말해 '양극화', '노동 유연화'로 인한 비정규직의 탄생은 신자유주의 이념과 밀접하게 연결되어 있다. 사회에 만연한 불평등·불공정을 향한 불만과 냉소가 부글부글 끓고 있는 것 같다. 이 책의 저자가 말하듯 지혜롭게, 적절하게 부의 재분배를 고민하고 고삐 풀린 자본주의를 효과적으로 제어하지 못하면, 결국 자본주의는 우리를 집어삼켜버리고 민주주의도 끝장날지 모른다.

그렇다면 우리는 무엇을, 어떻게 해야 할까? 20세기의 기시감이 느껴지는 요즘의 현상과 상황에서 무엇을 고민하고 실천해야 할까?

얼마 전, 1997년 IMF 사태를 다룬 영화 「국가부도의 날」을 보았다. 주인공은 마지막에 아마도 현상을 모른 척하고 게으름을 피우고 싶은, 나를 포함해 많은 사람들의 명치를 찌르는 메시지를 던진다.

'위기는 반복된다. 위기에 또 당하지 않으려면 잊지 마라. 끊임없이 의심하고 사고하라. 당연한 것을 당연하게 생각하지 말고, 항상 깨인 눈으로 세상을 바라보라. 똑같은 일을 두 번 당하고 싶지 않다면 말이다.'

이 책의 메시지도 다르지 않다. 짧고 간결하지만 눈을 뜬 우리를 이끄는 길라잡이가 되어줄 책이다. 이 책을 읽는 모든 독자가 게으름을 떨쳐내고, 관심을 갖고, 자극을 받아 공부하고 사색해서 비판적 시각을 가지고 목소리를 낼 때 우리가 사는 사회가 조금은 더 나은 곳이 될 거라고 믿고 싶다.

빅니스

1 | 사라진 퍼즐 조각

1   A. B. Atkinson, 'The Distribution of Top Incomes in the United King-
     dom 1908-2000', in A. B. Atkinson and T. Piketty (eds.), *Top Incomes
     Over the Twentieth Century*, New York, Oxford University Press, 2007,
     p. 95.

2   Facundo Alvaredo, Anthony B. Atkinson, Thomas Piketty and Em-
     manuel Saez, 'The Top 1 Percent in International and Historical
     Perspective', *Journal of Economic Perspectives*, vol. 27, no. 3, Summer
     2013, p. 3.

3   Ibid., p. 7; A. B. Atkinson and J. E. Søgaard, 'The Long Run History of
     Income Inequality in Denmark', ERPU Working Paper Series (2013),
     p. 24; Bas van Bavel and Ewout Frankema, 'Wealth Inequality in the
     Netherlands, c. 1950-2015: The Paradox of a Northern European
     Welfare State', *Low Countries Journal of Social and Economic History*,
     vol. 14, no. 2, 2017, p. 53.

4   James Davis, Rodrigo Lluberas and Anthony Shorrocks, 'Credit Su-

isse Global Wealth Databook 2018', *Credit Suisse Global Wealth Report 2018*, October 2018, p. 9.

5   Nomi Prins, 'The Rich Are Still Getting Richer', *The Nation*, 26 February 2019.

6   'Global Income Inequality Dynamics', Part II: Trends in Global Income Inequality, World Inequality Lab, https://wir2018.wid.world/part-2.html, (accessed 14 November 2019).

7   United Nations Conference on Trade and Development (UNCTAD), 'Beyond Austerity: Towards a Global New Deal', *Trade and Development Report 2017*, 2017, p. 15.

8   Gustavo Grullon, Yelena Larkin and Roni Michaely, 'Are US Industries Becoming More Concentrated?', *Review of Finance*, vol. 23, no. 4, April 2017, p. 697.

9   Juan Forero, 'Brazilian Company JBS Dominates Beef Industry from Farm to Fork', *Washington Post*, 14 April 2011.

10 Ibid.

11 Forero, 'JBS Dominates Beef Industry'.

12 Philip H. Howard, 'Corporate Concentration in Global Meat Processing: The Role of Government Subsidies', Michigan State University (September 2017), p. 1; Luke Runyon, 'Inside the World's Largest Food Company You've Probably Never Heard of', *Civil Eats*, 30 June 2015.

13 Karla Mendes, 'Brazil's "Chicken Catchers" Are Victims of Forced Labor: Report', Reuters, 30 November 2017.

14 Rogerio Jelmayer and Luciana Magalhaes, 'Brazil Police Search Home of JBS Chief, Parent Company's Headquarters', *Wall Street Journal*, 1 July 2016.

15 David Meyer, 'JBS Batista Brothers Arrested as Brazil Corruption Probes Spiral', *Fortune*, 14 September 2017; Luciana Magalhaes and Paul Kiernan, 'JBS Parent to Pay $3.2 Billion to Settle Corruption Investigations in Brazil', *Wall Street Journal*, 31 May 2017.

16 Joe Leahy, 'BNDES: Lender of First Resort for Brazil's Tycoons', *Financial Times*, 11 January 2015.

17 'Brazil's Recession Worst on Record', BBC, 7 March 2017.

18 Dom Phillips, 'Outrage after Brazil Ministry Asks Schools to Read Aloud Bolsonaro Slogan', *Guardian*, 26 February 2019.

2 | 세계대전의 불씨가 된 경제구조

1 Walter K. Bennett, 'Some Reflections on the Interpretation of the Sherman Act Since the Emergency', *Federal Bar Journal*, vol. 8, no. 4, July 1947, p. 317.

2 U.S. Congress, Senate, Committee on Military Affairs, Subcommittee on War Mobilization, *Cartels and National Security: Report Pursuant to S. Res. 107*, 78th Cong., 2d sess., 1944, Subcomm. Rep 4, 8.

3 Military Governor for Germany (U.S.), Proclamation, 'Prohibition of Excessive Concentration of German Economic Power: Law No. 56', *Federal Register*, vol. 12, no. 212, 29 October 1947, p. 7001.

4 Hermann Levy, *Industrial Germany: A Study of Its Monopoly Organisations and Their Control by the State*, Cambridge, Cambridge University Press, 2013, p. 7.

5 'Kilgore Asks Labor Own Reich Industry', *New York Times*, 2 October 1944.

6 Knut Wolfgang Norr, 'Franz Bohm and the Theory of the Private Law Society', in Peter Koslowski (ed.), *The Theory of Capitalism in the German Economic Tradition: Historism, Ordo-Liberalism, Critical Theory, Solidarism*, New York, Springer, 2000, p. 150.

7 Herbert Spencer, *Social Statics: or, the Conditions Essential to Happiness Specified, and the First of Them Developed*, London, John Chapman, 1851, p. 379.

8 Ibid., p. 416.

9 Gustav Schmoller, 'Das Verhältnis der Kartelle zum Staate', *Jahrbuch*

für Gesetzgebung, Verwaltung und Volkswirtschaft im Deutschen Reich, vol. 29 (1905), p. 359, quoted and translated in Holm Arno Leonhardt, *The Development of Cartel+ Theory Between 1883 and the 1930s*, Hildesheim, Universitatsverlag Hildesheim, 2018, p. 38.

10   Knut Wolfgang Nörr, 'Law and Market Organization: The Historical Experience in Germany From 1900 to the Law Against Restraints of Competition (1957)', *Journal of Institutional and Theoretical Economics*, vol. 151, no. 1, March 1995, p. 8.

11   Ibid., pp. 5-20.

12   Adolf Hitler to Hermann Göring, memorandum, August 1936, cited in R. J. Overy, *The Dictators: Hitler's Germany and Stalin's Russia*, New York, W. W. Norton & Co., 2004, p. 441.

13   Hitler, memorandum, cited in R. J. Overy, 'Misjudging Hitler', in Gordon Martel (ed.), *The Origins of the Second World War Reconsidered*, London, Routledge, 1999, p. 103.

14   Franz Böhm, 'Decartelisation and De-concentration: A Problem for Specialists or a Fateful Question?', in Thomas Biebricher and Frieder Vogelmann (eds.), *The Birth of Austerity: German Ordoliberalism and Contemporary Neoliberalism*, New York, Rowman & Littlefield International, 2017, p. 133.

15   U.S. Congress, Senate, Committee on Military Affairs, *Elimination of German Resources for War: Hearings Before a Subcommittee of the Committee for Military Affairs*, 78th and 79th Cong., p. 1067.

16   Young Namkoong, 'Impact of the Zaibatsu on Japan's Political Economy: Pre and Post War Period', *International Area Review*, vol. 9, no. 2, June 2006.

17   Ibid.

18   Iwasaki Koyota, quoted in Johannes Hirschmeier and Tusenehiko Yui, *The Development of Japanese Business: 1600-1973*, New York, Routledge, 1975, p. 223.

19   Corwin Edwards, 'The Dissolution of the Japanese Combines', *Pacif-*

ic Affairs, vol. 19, no. 3, September 1946, pp. 228-9.

20 Corwin Edwards, 'Report of the Mission on Japanese Combines: Part 1 Analytical and Technical Data', quoted in Yoneyuki Sugita, *Pitfall or Panacea: The Irony of US Power in Occupied Japan, 1945-1952*, New York, Routledge, 2003, p. 24.

21 Cartels and National Security: Report from the Subcommittee on War Mobilization to the Committee on Military Affairs, United States Senate, Pursuant to S. Res. 107, 78th Cong., 1944, Part I.

22 'The Threat to Democracy', *New Republic*, vol. 110, no. 7, 14 February 1944, pp. 199-200.

3 | 반독점이 만들어낸 역사

1 *Thompson v. Haight*, 23 F. Cas. 1040, pp. 1042-43 (C.C.S.D.N.Y. 1826).

2 The Case of Monopolies (1602) 77 Eng. Rep. 1260, 1262 (QB).

3 Statute of Monopolies, 1623, 21 Jac. 1, c. 3.

4 Levy, *Industrial Germany*, pp. 5, 7.

5 Ibid., p. 7.

6 Richard Frothingham, *Life and Times of Joseph Warren*, Boston, Little, Brown and Co., 1865, p. 255.

7 Dana Frank, *Buy American: The Untold Story of Economic Nationalism*, Boston, Beacon Press, 2000, p. 3.

8 George Hewes, 'An Account of the Boston Tea Party (1773)', in Randall M. Miller (ed.), *Daily Life Through American History in Primary Documents*, Santa Barbara, ABC-CLIO, 2012, Vol. 1, p. 210.

9 Robert J. Allison, foreword to *The Boston Tea Party*, Carlisle, Commonwealth Editions, 2007, p. v; Thomas Hutchinson, *The Diary and Letters of His Excellency Thomas Hutchinson*, Carlisle, Applewood Books, 2010, Vol. 1, p. 139.

10 Steven G. Calabresi and Larissa Price, 'Monopolies and the Constitution: A History of Crony Capitalism', *Northwestern University School of*

Law Scholarly Commons, 2012.

11 Neil H. Cogan, *The Complete Bill of Rights: The Drafts, Debates, Sources, and Origins*, New York, Oxford University Press, 2015, p. 179.

12 Jeffrey Rosen, *Louis D. Brandeis: American Prophet*, New Haven, Yale University Press, 2016, pp. 30-31.

13 Melvin I. Urofsky, *Louis D. Brandeis: A Life*, New York, Pantheon, 2009.

14 Ibid.

15 Michael C. Jensen, 'The Modern Industrial Revolution, Exit, and the Failure of Internal Control Systems', *Journal of Applied Corporate Finance*, vol. 22, no. 1 (2010); C. Paul Rogers III, 'A Concise History of Corporate Mergers and Antitrust Laws in the United States', *National Law School of India Review*, vol. 24, no. 2, 2013.

16 Thomas A. Barnico, 'Brandeis, Choate and the Boston & Maine Merger Battle, 1903-1914', *Massachusetts Legal History* 3, 1997.

17 Urofsky, *Louis D. Brandeis: A Life*, pp. 8-9.

18 Ibid., p. 182.

19 Louis D. Brandeis, 'New England Railroad Situation', *Boston Journal*, 13 December 1912.

20 *Control of Corporations, Persons, and Firms Engaged in Interstate Commerce: Hearings Pursuant to S. Res. 98, Before the Committee on Interstate Commerce*, 62d Cong. 1174 (1912) (statement of Louis D. Brandeis, Esq., Attorney at Law, of Boston, Mass.).

21 Louis D. Brandeis, 'True Americanism' (speech, Boston, MA, 5 July 1915), Louis D. Brandeis School of Law Library, https://louisville. edu/law/library/special-collections/the-louis-d.-brandeis-collec tion/business-a-profession-chapter-22, (accessed 20 December 2019).

22 Robert Devigne, *Reforming Liberalism: J. S. Mill's Use of Ancient, Religious, Liberal, and Romantic Moralities*, New Haven, Yale University Press, 2006, p. 76.

빅니스

23   Louis D. Brandeis, 'True Americanism'.

24   Louis D. Brandeis, 'Efficiency and Social Ideals', *Independent* (New York, NY), 30 November 1914.

25   *Whitney v. California*, 274 U.S. 357, 375 (Brandeis, J. concurring), 1927.

26   Louis D. Brandeis, 'True Americanism'.

27   Louis D. Brandeis, 'The New Slavery' (speech, New York, NY, 3 February 1912), quoted in *American Marine Engineer*, April 1912.

28   Thomas K. McCraw, 'Louis D. Brandeis Reappraised', *American Scholar*, vol. 54, no. 4, 1985; Urofsky, *Louis D. Brandeis: A Life*.

29   Alan T. Peacock and Hans Willgerodt (eds.), *Germany's Social Market Economy: Origins and Evolution*, New York, Palgrave Macmillan, 1989.

30   Franz Böhm, 'Kartellauflösung und Konzernentflechtung Spezialistenaufgabe uber Schicksalsfrage?', *Süddeutsche Juristen-Zeitung*, vol. 2, no. 9, 1947, pp. 504-5.

4 | 우리는 어떤 나라에서 살고 싶은가

1   John Files, 'Lee Loevinger, 91, Kennedy-Era Antitrust Chief', *New York Times*, 8 May 2004.

2   Ibid.

3   Ben Brady, 'United States v. Alcoa and the Spread of American Law', (PhD diss., New York University, 2015), p. 29.

4   *United States v. Aluminum Co. of Am.*, 148 F.2d 416 (2d Cir. 1945).

5   Ibid.

6   Senator Kefauver, speaking on the Clayton Act, on 12 December 1950, 81st Cong., 2nd sess., *Congressional Record* 96, pt.12:16452.

7   'HR 2374. Amend an Act Entitled "An Act to Supplement Existing Laws Against Unlawful Restraints and Monopolies"', GovTrack, https://www.govtrack.us/congress/votes/81-1949/h94, (accessed 21 No-

vember 2019); 'HR 2374. Amend an Act Entitled "An Act to Supplement Existing Laws Against Unlawful Restraints and Monopolies"', GovTrack, https://www.govtrack.us/congress/votes/81-1950/s45, (accessed 21 November 2019).

8   U.S. Congress, Senate, *Hearings Before the Subcommittee of the Committee on Appropriations*, 80th Cong., 1st sess., 19 July 1948.

9   'The British Monopolies Act of 1948: A Contrast with American Policy and Practice', *Yale Law Journal*, vol. 59, no. 5, 1950, p. 899.

10   Serge Audier, 'A German Approach to Liberalism? Ordoliberalism, Sociological Liberalism, and Social Market Economy', *L'Economie Politique* 60, 2013-14, p. 48.

11   Steven H. Thal, 'The Existence of the Rule of Reason in the German Law against Trade Restraints: A Case Study Analysis', *New York University Journal of International Law and Politics*, vol. 3, no. 2, Winter 1970, p. 278.

12   Gregory Gethard, 'The German Economic Miracle', Investopedia [website], 17 September 2014, https://www.investopedia.com/articles/economics/09/german-economic-miracle.asp, (accessed 15 January 2020).

13   'Just Like Old Times', *Time*, 20 August 1963.

14   Quoted in Michael Schaller, *The American Occupation of Japan: Origins of the Cold War in Asia*, New York, Oxford University Press, 1985.

15   Ibid.

16   Kozo Yamamura, *Economic Policy in Postwar Japan: Growth Versus Economic Democracy*, Berkeley and Los Angeles, University of California Press, 1967.

17   Alissa A. Meade, 'Modeling a European Competition Authority', *Duke Law Journal* 46, 1996, p. 161.

18   'Trade Bloc Voids Deal by Grundig; French Distribution Accord Held Violation of Common Market Antitrust Policy', *New York Times*,

25 September 1964.

19   U.S. Congress, House of Representatives, Judiciary Committee, *Hearing Before Subcommittee No. 3*, 84th Cong., 1st sess., 9 March 1955, p. 31.

5 | 기술 기업과 새로운 논리

1   Capers Jones, *The Technical and Social History of Software Engineering*, New York, Addison-Wesley, 2014.

2   Susan P. Crawford, 'The Internet and the Project of Communications Law', *UCLA Law Review* 55 (2007); Barak D. Richman and Steven W. Usselman, 'Elhauge on Tying: Vindicated by History', *Tulsa Law Review*, 2014.

3   'Sandia and Its Management Contractor', Sandia National Laboratories, last modified 6 August 1997, https://www.sandia.gov/media/facts11.htm, (accessed 26 December 2019).

4   Gary E. Weir, 'The DEW Line – Cold War Defense at the Top of the World', Medium, last modified 12 March 2018, https://medium.com/@NGA_GEOINT/the-dew-line-cold-war-defense-at-the-top-of-the-world-fbafdd90a542, (accessed 26 December 2019).

5   James W. Cortada, *The Digital Flood: The Diffusion of Information Technology Across the U.S., Europe, and Asia*, New York, Oxford University Press, 2012; William D. Smith, 'I.B.M. Starts Early-Retirement Plan', *New York Times*, 31 August 1971.

6   Kevin Maney, *The Maverick and His Machine: Thomas Watson, Sr. and the Making of IBM*, Hoboken, Wiley, 2003.

7   United States Memorandum on the 1969 Case at 2, United States v. IBM, No. 72-344 (S.D.N.Y., 5 October 1995).

8   Stephen Brill, 'What to Tell Your Friends About IBM', *American Lawyer*, April 1982, p. 1.

9   William E. Kovacic, 'Designing Antitrust Remedies for Dominant Firm

Misconduct', *Connecticut Law Review* 31, 1999, p. 1290.

10   Casey Leins, 'These States Benefit Most from the Software Industry', *U.S. News & World Report*, 19 September 2019, https://www.usnews. com/news/best-states/articles/2019-09-19/these-states-benefit-most-from-the-nations-software-industry, (accessed 27 December 2019).

11   Robert W. Gomulkiewicz and Mary L. Williamson, 'A Brief Defense of Mass Market Software Agreements', *Rutgers Computer and Technology Law Journal* 22, 1996.

12   Jay Dratler, Jr., 'Microsoft as an Antitrust Target: IBM in Software?', *Southwestern Law Review* 25, 1996.

13   Stanley Gibson, 'Software Industry Born with IBM's Unbundling', *Computerworld*, 19 June 1989.

14   W. Edward Steinmuller, 'The U.S. Software Industry: An Analysis and Interpretive History', in David C. Mowery (ed.), *The International Computer Software Industry: A Comparative Study of Industry Evolution and Structure*, New York, Oxford University Press, 1995.

15   Frederick Betz, *Managing Technological Innovation: Competitive Advantage from Change*, 2nd ed., Hoboken, Wiley, 2003.

16   Jim Forbes, 'IBM Personal Computer', Selectric Typewriter Museum [website], http://selectric.org/archive/IBMPC2002/ibmpc.html, (accessed 27 December 2019).

17   Joseph F. Porac, 'Local Rationality, Global Blunders, and the Boundaries of Technological Choice: Lessons from IBM and DOS', in Raghu Garud et al. (eds.), *Technological Innovation: Oversights and Foresights*, New York, Cambridge University Press, 1997, p. 137.

18   Charles H. Ferguson and Charles R. Morris, *Computer Wars: The Post-IBM World*, Washington, Beard Books, 2003, pp. 26, 71.

19   *The Industrial Reorganization Act, Hearings Before the Subcommittee on Antitrust and Monopoly of the Committee on the Judiciary*, 93d Cong. 3840 (1974) (statement of Clay T. Whitehead, Director, Office

of Telecommunications Policy, Executive Office of the President, accompanied by John Eger, Deputy Director).

20 Theodore N. Vail, 'Public Utilities and Public Policy', *Atlantic Monthly* 111, March 1913, p. 309.

21 In re. Use of the Carterfone Device, 13 F.C.C.2d 420 (1968).

22 Steve Coll, *The Deal of the Century: The Breakup of AT&T*, New York, Open Road Media, 2017.

23 Howard A. Shelanski, 'Adjusting Regulation to Competition: Toward a New Model for U.S. Telecommunications Policy', *Yale Journal on Regulation* 24, 2007.

24 Edward Feigenbaum and Pamela McCorduck, 'The Fifth Generation: Japan's Computing Challenge to the World', *Creative Computing*, vol. 10, no. 8, August 1984.

25 Joel West, 'Utopianism and National Competitiveness in Technology Rhetoric: The Case of Japan's Information Infrastructure', *Information Society*, vol. 12, no. 3, 1996, p. 256.

26 Andrew H. Thorson and Frank Siegfanz, 'The 1997 Deregulation of Japan's Holding Companies', *Pacific Rim Law and Policy Journal* 8, 1999.

27 Jonathan C. Comer and Thomas A. Wikle, 'Worldwide Diffusion of the Cellular Telephone, 1995–2005', *Professional Geographer* 60, 2011.

28 Bill Gates, 'The Internet Tidal Wave', Letters of Note, last modified 22 July 2011, http://www.lettersofnote.com/2011/07/internet-tidal-wave.html, (accessed 28 December 2019).

29 Microsoft originally licensed 86-DOS for $25,000, and later bought it for $50,000. Paul E. Ceruzzi, *A History of Modern Computing*, Cambridge, MIT Press, 2003.

30 *United States v. Microsoft Corp.*, 253 F3d 34 (D.C. Cir., 2001).

31 David Segal, 'Joel Klein, Hanging Tough', *Washington Post*, 24 March 1998.

1   Ellen Frankel Paul, 'Hayek on Monopoly and Antitrust in the Crucible of *United States v. Microsoft'*, *NYU Journal of Law & Liberty*, vol. 1, no. 0, 2005, p. 174.

2   Douglas Martin, 'Aaron Director, Economist, Dies at 102', *New York Times*, 16 September 2004.

3   Donald Dewey, *The Antitrust Experiment in America*, New York, Columbia University Press, 1990, p. 25.

4   George Stigler, 'The Case Against Big Business', *Fortune*, May 1952.

5   Richard Posner, 'The Chicago School of Antitrust Analysis', in *The Making of Competition Policy: Legan and Economic Sources*, New York, Oxford University Press, 2013.

6   David Savage, 'Skeptical of Government Action: Bork Takes Narrow View on Antitrust Legislation', *Los Angeles Times*, 26 August 1987.

7   Martin, 'Director'.

8   Edmund Kitch, 'The Fire of Truth: A Remembrance of Law and Economics at Chicago, 1932-1970', *Journal of Law and Economics*, vol. 26, no. 1, April 1983, p. 183.

9   John McGee, 'Commentary', in Harvey Goldschmid, Harold Mann, John Weston (eds.), *Industrial Concentration: The New Learning*, Boston, Little, Brown, 1974, p. 104.

10   Green Paper on Vertical Restraints. See Commission (EU), 'Green Paper on Vertical Restraints in EC Competition Policy' (Green Paper on Vertical Restraints) COM (96) 721 final, 22 January 1997, p. 17.

11   Neelie Kroes, Member of the European Commission, 'European Competition Policy – Delivering Better Markets and Better Choices' (speech, London, 15 September 2005), European Commission, ec.europa.eu/commission/presscorner/detail/en/SPEECH_05_512, (accessed 28 December 2019).

1   Anthony Giorgianni, 'How to Avoid Being Gouged When Buying Eyeglasses', *Consumer Reports*, 29 December 2016; David Lazarus, 'Column: How Badly Are We Being Ripped Off on Eyewear? Former Industry Exec Tells All', *Los Angeles Times*, 5 March 2019.

2   'Vogue Eyewear', Luxottica, http://www.luxottica.com/en/eyewear-brands/vogue-eyewear, (accessed 18 November 2019).

3   Valentina Za and Sudip Kar-Gupta, 'Luxottica and Essilor in 46 Billion Euro Merger to Create Eyewear Giant', Reuters, 15 January 2017.

4   'Sticker Shock: Why Are Glasses So Expensive?', *60 Minutes*, 7 October 2012.

5   'Justice Department Requires Anheuser-Busch InBev to Divest Stake in MillerCoors and Alter Beer Distributor Practices as Part of SABMiller Acquisition', Department of Justice, 20 July 2016.

6   Peter Hayes, *Industry and Ideology: IG Farben in the Nazi Era*, Cambridge, Cambridge University Press, 1987, p. xii.

7   Camila Domonoske, 'Monsanto No More: Agri-Chemical Giant's Name Dropped in Bayer Acquisition', NPR, 4 June 2018.

8   'DowDuPont Merger Successfully Completed', Dow Corporate, 1 September 2017.

9   Reuters, 'ChemChina Clinches Its $43 Billion Takeover of Syngenta', *Fortune*, 5 May 2017.

10 'High Drug Prices & Monopoly', Open Markets Institute, https://openmarketsinstitute.org/explainer/high-drug-prices-and-monopoly/, (accessed 18 November 2019).

11 Katy Milani, and Devin Duffy, 'Profit Over Patients: How the Rules of our Economy Encourage the Pharmaceutical Industry's Extractive Behavior', Roosevelt Institute, February 2019, p. 4.

12 Barack Obama (speech, Oregon, 18 May 2008), Reuters.

13 Adam Satariano, 'Europe's Margrethe Vestager Takes a Rare Step

Toward Big Tech', *New York Times*, 16 October 2019.

8 | 세계 제국 건설에 나선 거대 기업들

1   John Perry Barlow, 'Electronic Frontier: Coming Into The Country', *Communications of the ACM*, vol. 34, no. 3, March 1991, p. 19.

2   Nicholas Carlson, 'Here's The Biggest Threat To Facebook, And What Facebook Is Doing About It', *Business Insider*, 6 February 2012.

3   Victor Luckerson, 'Here's Proof That Instagram Was One Of The Smartest Acquisitions Ever', *Time*, 19 April 2016.

4   United Kingdom, Office of Fair Trading, *Anticipated Acquisition by Facebook Inc of Instagram Inc*, Case ME/5525/12, 14 August 2012.

5   Parmy Olson, 'Facebook Closes $19 Billion WhatsApp Deal', *Forbes*, 6 October 2014.

6   Paige Cooper, 'Social Media Advertising Stats That Matter to Marketers in 2018', Hootsuite, 5 June 2018, https://blog.hootsuite.com/social-media-advertising-stats/, (accessed 1 January 2020).

7   'Tim Wu and Stuart A. Thompson, 'The Roots of Big Tech Run Disturbingly Deep', *New York Times*, 7 June 2019.

8   Josh Constine, 'A Year Later, $19 Billion For WhatsApp Doesn't Sound So Crazy', TechCrunch, 19 February 2015.

9   'Facebook's WhatsApp Acquisition Exposes Grave Risks To The Business Model', SeekingAlpha [website], 20 February 2014, https://seekingalpha.com/article/2034463-facebooks-whatsapp-acquisition-exposes-grave-risks-to-the-business-model, (accessed 15 January 2020).

10   The US Government, in the course of an investigation, told Google to knock it off, and Google grudgingly stopped taking Yelp's reviews, though it insisted it was doing Yelp a favour.

11   Peter Thiel, 'Competition Is for Losers', *Wall Street Journal*, 12 September 2014.

12 'Company Info', Facebook, https://about.fb.com/company-info/, (accessed 15 January 2020).

13 Rani Molla, 'Mary Meeker: China now has nine of the world's biggest internet companies – almost as many as the U.S.', *Vox*, 30 May 2018.

14 'To Cover China, There's No Substitute for WeChat', *New York Times*, 9 January 2019.

15 Gregory Allen, 'Understanding China's AI Strategy', Center for New American Security, 6 February 2019, https://www.cnas.org/publica tions/reports/understanding-chinas-ai-strategy, (accessed 1 January 2020).

16 Eva Dou, 'Jailed for a Text: China's Censors Are Spying on Mobile Chat Groups', *Wall Street Journal*, 8 December 2017.

17 'How Private Are Your Favourite Messaging Apps?', Amnesty International, 21 October 2016, https://www.amnesty.org/en/latest/ campaigns/2016/10/which-messaging-apps-best-protect-your-privacy/, (accessed 1 January 2020).

18 Shannon Bond, 'Mark Zuckerberg Offers A Choice: The Facebook Way Or The China Way', NPR, 23 October 2019.

결론 | 거대함의 저주에서 어떻게 풀려날 것인가

1 *Brown Shoe Co. v. United States*, 370 U.S. 294 (1962).

2 European Commission, 'Council Regulation (EC) No 139/2004 of 20 January 2004 on the control of concentrations between undertakings (the EC Merger Regulation)', *Official Journal of the European Union* 47, L 24, 29 January 2004.

3 Tripp Mickle and Brent Kendall, 'Justice Department Clears AB In-Bev's Takeover of SABMiller', *Wall Street Journal*, 20 July 2016.

4 Jack Ewing, 'E.U. Blocks Siemens-Alstom Plan to Create European Train Giant', *New York Times*, 6 February 2019.

5 Julia Werdigier and Matthew Saltmarsh, 'Report Suggests Breakup of

British Airport Operator', *New York Times*, 21 August 2008.

6   Gunnar Niels, Helen Jenkins and James Kavanagh, *Economics for Competition Lawyers*, Oxford, Oxford University Press, 2011, p. 471.

7   *Chicago Board of Trade v. United States*, 246 U.S. 231 (1918).

8   Andrew Davis, 'Why Amazon Paid No 2018 Federal Income Tax', CNBC.com, 4 April 2019, https://www.cnbc.com/2019/04/03/why-amazon-paid-no-federal-income-tax.html, (accessed 1 January 2020).

빅니스

초판 1쇄 발행 ｜ 2020년 12월 22일
초판 2쇄 발행 ｜ 2022년 4월 15일

지은이 ｜ 팀 우
옮긴이 ｜ 조은경
펴낸이 ｜ 박남숙

펴낸곳 ｜ 소소의책
출판등록 ｜ 2017년 5월 10일 제2017-000117호
주소 ｜ 03961 서울특별시 마포구 방울내로9길 24 301호(망원동)
전화 ｜ 02-324-7488
팩스 ｜ 02-324-7489
이메일 ｜ sosopub@sosokorea.com

ISBN 979-11-88941-56-8 03320
책값은 뒤표지에 있습니다.

이 도서의 국립중앙도서관 출판예정도서목록(CIP)은 서지정보유통지원시스템 홈페이지(http://seoji.nl.go.kr)와
국가자료공동목록시스템(http://www.nl.go.kr/kolisnet)에서 이용하실 수 있습니다. (CIP제어번호 : CIP2020050184)